América Latina y el Caribe:

Tiempos de cambio
Nuevas Consideraciones
Sociológicas sobre la Democracia
y el Desarrollo

FERNANDO CALDERÓN GUTIÉRREZ

América Latina y el Caribe:

Tiempos de cambio

Nuevas Consideraciones Sociológicas sobre la Democracia y el Desarrollo

teseo

FLACSO

GOBIERNO DE ESPAÑA
MINISTERIO DE ASUNTOS EXTERIORES Y DE COOPERACIÓN
Agencia Española de Cooperación Internacional para el Desarrollo

Gobernabilidad y Convivencia Democrática en América Latina

Calderón Gutiérrez, Fernando
América Latina y el Caribe : tiempos de cambio : nuevas consideraciones so-
ciológicas sobre la democracia y el desarrollo . - 1a ed. - Buenos Aires : Teseo;
Facultad Latinoamericana de Ciencias Sociales - FLACSO, 2012.
246 p. ; 20x13 cm. - (Relaciones internacionales)
ISBN 978-987-1859-10-8
1. Democracia. 2. Ciencias Políticas. I. Título
CDD 323

FLACSO

© FLACSO, 2012

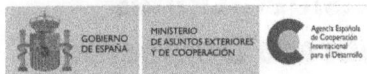

© AECID, 2012

© Gobernabilidad y Convivencia Democrática en América Latina, 2012

teseo

© Editorial Teseo, 2012

Buenos Aires, Argentina
ISBN 978-987-1859-10-8
Editorial Teseo
Hecho el depósito que previene la ley 11.723
Para sugerencias o comentarios acerca del contenido de esta obra,
escríbanos a: **info@editorialteseo.com**
www.editorialteseo.com

ÍNDICE

Presentación 11

Introducción y agradecimientos 19

Capítulo I. Globalización y política....................................25

Capítulo II. Tiempos de inflexión.......................................53

Capítulo III. Orientaciones políticas en la inflexión............83

Capítulo IV. Culturas políticas de desigualdad 113

Capítulo V. La deliberación, lo local y el Estado.................131

Capítulo VI. Camino a un nuevo orden
estatal y público..147

Capítulo VII. Movimientos culturales
y la emergencia de una nueva politicidad..........................159

Capítulo VIII. El neodesarrollismo indigenista
como opción histórica en Bolivia, Ecuador y Perú............181

Capítulo IX. Interculturalismo y Modernidad:
la Bolivia posible..209

Bibliografía..231

Dedicado a Alain Touraine: amigo y maestro

PRESENTACIÓN

Este libro, titulado *Tiempos de cambio. Nuevas consideraciones sociológicas sobre la democracia y el desarrollo*, tiene como hilo conductor el desarrollo humano, en un contexto de globalización que recién comienza un nuevo y largo ciclo.

La nueva época significa una restructuración global en el posicionamiento de los actores con nuevas economías, nuevos movimientos sociales, nuevas tecnologías y la reivindicación de numerosas culturas. Además, los expertos muestran dificultades para establecer los parámetros con los cuales se puede mirar el futuro, establecer tendencias y proyectar resultados previsibles.

En este contexto, Fernando Calderón desarrolla el concepto de *sociedades policéntricas*, las cuales se organizan por subsistemas altamente diferenciados en donde actores tradicionales tienen dificultades para entender la realidad e insertarse en los nuevos fenómenos. En el caso particular de América Latina, se observa la dificultad de que la inserción global es dependiente y tiende a diferenciar crecientemente a las regiones y los actores.

El libro apunta a descubrir las claves de un nuevo paradigma de desarrollo. Éste se encuentra en proceso de construcción. Actualmente existe una diversidad de visiones sobre lo que se debe entender por desarrollo. Se debate, sin lograr consensos, lo que sería deseable y lo que es posible en el contexto histórico actual. Se discuten caminos, aproximaciones para metas compartidas, como el desarrollo y el bienestar. Sin embargo, a pesar de las divergencias, es posible observar algunas tendencias comunes en América Latina que pueden ir apuntando a la construcción de este nuevo paradigma. Una continuidad esencial es la referida a los esfuerzos macroeconómicos. Otras tendencias son la consolidación de la democracia, la modernización del Estado, el rol de la integración regional para lograr una mejor inserción internacional, la preocupación por el medio ambiente y la importancia de mejorar la institucionalidad.

La construcción del nuevo paradigma sobre el desarrollo encuentra además dificultades para encausarse, por la crisis del capitalismo financiero global que ha trastocado valores, así como la economía financiera y la economía real, afectando la vida de millones de personas en los países desarrollados, pero también en los países en desarrollo.

Sin lugar a dudas, en los tiempos actuales, como lo apuntaba Norbert Lechner, ha cambiado el tiempo y ha cambiado el espacio. El espacio pasó a ser planetario y el tiempo es instantáneo. Los hechos ocurren y demandan respuestas inmediatas, en tiempo real. Todo ello genera presiones importantes para la gobernanza global y nacional. Conjuntamente con este cambio central se produce una alta interdependencia, la cual se manifiesta con altos grados de diferenciación e importantes asimetrías. Esta interdependencia genera impactos diferenciados en regiones, países y a nivel subnacional.

La mayor interdependencia evidencia un importante déficit en las reglas y en las instituciones capaces de generarlas. La necesidad de que existan reglas es esencial en esta transición del sistema internacional. Se trata de una transición que se evidencia en los cambios en las relaciones de poder, en el paso de sociedades industriales a sociedades de la información, y en la revolución de las comunicaciones, que nos ha hecho absolutamente interdependientes, donde el consumo global es cada vez más homogéneo en un contexto de desigualdad planetaria.

La globalización ha producido el llamado "efecto demostración", al generar altas expectativas que recorren las redes televisivas, y ahora también las redes sociales. De manera simultánea, este efecto inevitablemente crea una frustración de las expectativas por la imposibilidad de que todos puedan alcanzar lo que se muestra como oportunidades, sobre todo, en la televisión y en Internet.

Ante la imposibilidad de satisfacer los intereses de todos y todas, y la imposibilidad también de permitir que se alcancen los derechos básicos de la sociedad, se evidencian las grandes diferencias en términos de inclusión social, política, cultural y económica, lo que resquebraja las condiciones de ciudadanía. Con ello se debilitan las posibilidades del ejercicio de los derechos ciudadanos, con lo cual se erosionan los regímenes y los procesos democráticos, desgastando su legitimidad y evidenciando sus vulnerabilidades y las dificultades para satisfacer las condiciones de ciudadanía y gobernabilidad democrática.

La falencia más importante es que el Estado, como lo señala Fernando Calderón, deja de ser el garante del bienestar social, e incluso no termina de cumplir con sus responsabilidades básicas, como por ejemplo, en el ámbito de la seguridad o en el del ejercicio efectivo de los derechos en educación y salud.

En el contexto de la globalización, las inequidades se mantienen y se refuerzan. Más aun, hay grandes partes de las sociedades que quedan excluidas para siempre, pues la exclusión social se traslada de un modo intergeneracional. La informalidad y el desempleo refuerzan estas tendencias. En América Latina, la importancia numérica que han tomado los denominados *ninis* es prueba de cómo estos fenómenos afectan de manera diferenciada a los distintos segmentos de la sociedad. Se trata de jóvenes que no logran satisfacer sus expectativas –ni las de sus familias– de lograr un trabajo decente o de culminar una carrera. Lo anterior puede resultar en hacer que estos jóvenes se transformen en presas de grupos que les ofrecen ganarse la vida de manera "fácil", como por ejemplo, en las redes de narcotraficantes, o bien en redes de tráfico de personas, con el ofrecimiento de migrar.

En otras palabras, si bien el mercado homogeniza tendencias, la globalización excluye y hace desaparecer la "uniformidad ciudadana", generando nuevas restricciones a la legitimidad democrática. Por ello, la política requiere renovarse de manera global para lograr una representación más universal, más legítima y más efectiva, capaz de fortalecer y hacer más gobernables en democracia nuestras sociedades.

Tiempos de cambio, de Fernando Calderón, es una valiosa aproximación sociológica que permite comprender lo que el autor llama los "tiempos de inflexión". En estos tiempos de cambio se ha dado una reconfiguración de las formas de conocer el mundo, de las maneras de experimentar la realidad social, y más aun, de las relaciones entre Estado y sociedad. Nuevos posicionamientos de otras voces, nuevos movimientos y nuevos actores en los países latinoamericanos, cuya aparición desafía las formas tradicionales de democracia, de orden y de desarrollo de los países, pero que además reconstruye la noción de realización de la ciudadanía, de la efectivización de los derechos, de la democracia y hasta de la política misma.

En el primer capítulo, el autor se refiere a la manera en que la globalización y la sociedad de la información han reconfigurado las formas en que se manifiestan los fenómenos de inclusión y exclusión social, logrando en ámbitos como el cultural una mayor inclusión, que sin embargo no se efectiviza materialmente, lo que causa frustración. Además producen nuevas brechas que llegan a ser hasta más importantes en términos de exclusión social que las divisiones sociales tradicionales. Asimismo, imprimen una nueva dinámica al mercado laboral, construyendo un nuevo perfil de trabajador exitoso al que la sola educación promedio puede que no le alcance. Al desarrollo de nuevos procesos productivos y comunicativos propios de la era de la globalización se suma una nueva forma de demanda social relacionada con las luchas por el reconocimiento de la diferencia, lo que indudablemente tiene consecuencias en las formas de participación social y de la política misma que se deriva, entre otros factores, de la creciente brecha que se evidencia entre los representantes políticos y los grupos representados. Estos cambios y transformaciones se expresan en una nueva forma e incidencia de la desigualdad social en América Latina; en este libro, Fernando Calderón explica sus principales desafíos.

En el segundo capítulo, Calderón expone la tesis que ha venido desarrollando en los últimos tiempos respecto a que América Latina vive hoy una época de inflexión en términos de las transformaciones económicas (de economías cerradas a economías abiertas) y políticas (relacionadas con la consolidación de la democracia) que ha experimentado en los últimos años. Todo ello representa un punto de inflexión en cuanto a que las políticas públicas propuestas para resolver los problemas de los países latinoamericanos, así como para lograr su desarrollo, han dejado de ser eficientes y/o certeras para las sociedades latinoamericanas que han pasado por procesos de cambio, por lo que requieren de acercamientos y enfoques diferentes. Para el autor, América Latina se enfrenta en la actualidad a una serie de crisis principalmente socioculturales, que están vinculadas de manera estrecha con la noción de incertidumbre, para lo cual se requiere de una redefinición del accionar político en el que se consideren, entre otras, las nuevas nociones de tiempo y espacio que ha impreso la globalización.

Una vez expresado de forma detallada cuáles son los desafíos y las tendencias políticas institucionales y culturales de la era de la inflexión en América Latina, el autor pasa a analizar en el capítulo tercero –uno de los aportes más valiosos de este trabajo– las orientaciones políticas que se han desarrollado en la región a partir del reconocimiento de que la renovación de la política –que debe tomar en cuenta la diversidad sociocultural y económica de las sociedades latinoamericanas– es una condición necesaria para construir una democracia deliberativa fortalecida en la que participen verdaderos ciudadanos. Al respecto, Calderón reconoce cuatro orientaciones políticas en la inflexión: modernización conservadora, nacional-popular, reformismo pragmático y neodesarrollismo indigenista. Analiza la manera en que se han producido momentos de inflexión que han llevado al desarrollo completo o parcial del reformismo pragmático en algunos países de la región. Pero como lo deja muy claro Calderón a lo largo del libro, el tema cultural debe ocupar un espacio central en el desarrollo de las nuevas formas de hacer política en los tiempos de cambio que vive la región, de ahí que en el capítulo cuarto se dedique a analizar las desigualdades que se manifiestan en América Latina en términos de cultura política.

A partir del reconocimiento de estas desigualdades, Calderón aboga, en el capítulo cinco, por una cultura política deliberativa que reivindica al sujeto devenido en actor; es decir, un actor reflexivo que sea capaz de canalizar y articular sus demandas por medio de una real y fortalecida democracia deliberativa. Hacia este rumbo es que deben caminar las democracias y las orientaciones políticas latinoamericanas. En este sentido, Calderón respalda las políticas de democratización en el espacio local, siempre y cuando estén vinculadas con una política democrática nacional integrada y sean parte de ella.

El fortalecimiento de la democracia y la construcción de una democracia deliberativa se enfrentan al desafío del desarrollo de verdaderos ciudadanos, así como también a la necesidad de superar el quiebre en la relación Estado-nación y la dificultad de consolidar un orden estatal en los tiempos de cambio. Para ello, el autor analiza en el capítulo sexto la importancia del espacio público y de su relación con el Estado, y la relación entre ciudadanía y desarrollo humano.

El análisis de la construcción y del desarrollo de una democracia deliberativa estaría incompleto si no se tomaran en cuenta a los movimientos culturales, tan presentes en los distintos países de la región. En el capítulo siete, Calderón estudia las nuevas dinámicas que presentan los movimientos sociales en la región, y en específico en algunos de ellos, y su importancia y su papel en la emergencia de lo que denomina una "nueva politicidad".

El libro finaliza con el análisis que hace el autor del neodesarrollismo indigenista que se observa en Bolivia, Ecuador y Perú (capítulo ocho), y de los desafíos a los que se enfrenta su natal país, Bolivia, de cara a un contexto en el que se ha explicitado el reconocimiento del multiculturalismo, imprimiendo un nuevo orden multicultural en ese país.

En su reflexión sobre el policentrismo, presente de un modo transversal a lo largo de todo este libro, Fernando Calderón recoge y combina conceptualmente cuestiones esenciales, tales como la incertidumbre como un nuevo elemento esencial de lo político; la fragmentación en el interior del Estado nacional de los componentes del orden social; la ausencia de regulaciones frente a los nuevos fenómenos interdependientes; la creciente diferenciación cultural y la emergencia de nuevos y diversos actores entrecruzados en mundos que se separan y se unen entre lo público y lo privado.

Como bien lo señala, el policentrismo social produce diferenciaciones y convergencias que descomponen la idea de "sujeto histórico", "de clase" y "de pueblo", en múltiples actores con intereses diferenciados y que los partidos políticos no logran representar. Por ello no hay una visión compartida y se diferencian cada vez más el consumidor y el ciudadano en un contexto de Estados débiles y de transformaciones profundas en el poder global que impactan la política global, más aun hoy con el impacto de las crisis financiera, en forma concomitante con las políticas nacionales.

Este libro, titulado *América Latina y el Caribe: tiempos de cambio. Nuevas consideraciones sociológicas sobre la democracia y el desarrollo,* forma parte de la colección Relaciones Internacionales de la Facultad Latinoamericana de Ciencias Sociales. Su publicación ha sido posible gracias al apoyo que la Agencia Española de Cooperación Internacional para el Desarrollo (AECID) ha brindado a la Secretaría General de la FLACSO para producir nuevo pensamiento sobre gobernabilidad y convivencia democrática, y el rol que en temas internacionales cumple la diplomacia de cumbres.

El libro de Fernando Calderón nos permite mirar los *tiempos de cambio* con ojos de un profesional experto que entrega elementos centrales y marcos conceptuales que nos invitan a la reflexión.

Rescatar y reafirmar la idea de desarrollo humano como eje esencial es el prisma con el cual Fernando Calderón mira esta época de cambio y este cambio de época en América Latina, con énfasis particular en la región andina.

Francisco Rojas Aravena

Secretario General

FLACSO

Introducción y agradecimientos

En los años 1950, los sociólogos se preguntaban qué era lo que reemplazaba a las sociedades agrarias y qué características asumiría el proceso de industrialización en sociedades como las latinoamericanas. Sesenta años después, luego de laberínticos caminos recorridos por las sociedades latinoamericanas, los sociólogos actuales se preguntan qué es lo que reemplaza a un ciclo de industrialización dependiente y trunca, y qué nuevas consideraciones sociológicas del desarrollo y de la democracia emergen con la crisis global y la sociedad de la información y la comunicación a escala global. La cuestión de un nuevo tipo de desarrollo está otra vez en el escenario de la política.

Ciertamente, responder a estas indagaciones es muy difícil. El presente ensayo tan sólo aspira a plantear algunos temas y reflexiones a la luz de experiencias de investigación empírica que me tocó realizar en temas de desarrollo humano, democracia y movimientos socioculturales en estos últimos cinco años, particularmente relacionados con mi trabajo como especialista del Programa de Desarrollo de Naciones Unidas (PNUD) en América Latina. El presente libro, *Tiempos de cambio*, sintetiza de manera cabal tales trabajos y reflexiona sobre ellos.

Desde fines de los años 1980 y comienzos de los 1990, una de las preocupaciones fundamentales de mi trabajo ha sido tratar de comprender la tensión entre la racionalidad instrumental del mercado total y la búsqueda de sentido de una subjetividad multicultural particularmente lati- noamericana, y muy en especial, boliviana. No pocas han sido las conversaciones que me tocó compartir con cole- gas y amigos desde que a mediados de la década de 1980 escribimos el ensayo "Gobernabilidad y ciudadanía" con Norbert Lechner, tratando por cierto de discutir con otro estudio que también encomendó Luis Thais del PNUD en Chile sobre la misma temática a Simon Lipset y Juan Linz.

En ese ensayo planteábamos la idea de que una mayor complejidad social, asociada con un doble proceso de di- ferenciación social y funcional, incidía en las limitaciones de gestión política que experimentaban las sociedades latinoamericanas. A juicio nuestro, era el telón de fondo desde donde había que pensar las nuevas subjetividades y sus sentidos para imaginarse un nuevo tipo de comunidad de ciudadanos. Estábamos obsesionados en pensar o repen- sar en un nuevo orden posible que saliese de las cárceles del mercado y de las ideologías hegemonistas de los años 1960. Norbert trabajó con profundidad y detalle la crisis de los mapas cognitivos y los límites de las cartas políticas de navegación. Los problemas de gobernabilidad mismos estaban intrínsecamente vinculados con estas dinámicas.

Por otra parte, la complejidad de la sociedad supuso también un fraccionamiento de la acción colectiva y la emergencia de un individualismo social y de nuevos com- portamientos culturales vinculados a identidades diversas y mutantes, pero cercanas a los cambios que se venían sus- citando en el capitalismo informacional a escala global. El multiculturalismo, el cambio climático y las formas inéditas de concentración de poder transformaban el panorama social. El cambio sistémico se redefinió. La globalización incluía pasivamente a la región pero no era sostenible en el tiempo, como argumentamos con Manuel Castells y un grupo de colegas a principios del año 2000.

El saldo: una sociedad latinoamericana con rasgos crecientemente policéntricos. En este sentido, la idea que empecé a repensar, retomando algunos estudios anteriores, giró en torno a que una visión constructivista, social y política, que supone actores diferenciados en constante movimiento y transformación, podía redefinir, en medio de la crisis global, un nuevo horizonte de lo posible con sentido emancipatorio. Ciertamente, algunos de los hallazgos de investigación empírica sobre la nueva politicidad de los jóvenes en el MERCOSUR, los análisis de casos de los nuevos movimientos socioculturales (ecologistas, de los pueblos originarios, religiosos, etc.) y, muy particularmente, la nueva capacidad de agencia de ciudadanía que encontramos entre las mujeres jóvenes, así como su capacidad de articular lo colectivo con lo individual y el pasado con el futuro, nos permitían ser cautelosamente optimistas.

Si a esto se agrega el fin del ciclo de reformas estructurales, las nuevas orientaciones políticas emergentes y las nuevas potencialidades de la región frente a la crisis de la globalización, por qué no pensar que se podía redefinir el campo de "lo posible".

He tenido la suerte de compartir y discutir en varias ocasiones los diferentes capítulos del libro. En ese sentido, deseo expresamente agradecer los comentarios de Martín Hopenhayn, Pedro Güel, Rodrigo Márquez y George Grey Molina, que escribieron comentarios críticos para la *Revista Humanium* sobre los tres primeros artículos del libro. Agradezco también a Carolina Moreno y a Luis Felipe López por promover la discusión. A Ilse Sherer Warren y a Carlos Gadea que, en un seminario internacional de la Universidad de Florianópolis, comentaron y publicaron en portugués el capítulo sobre los movimientos culturales. Y muy especialmente a Francisco Rojas, Secretario General de FLACSO, que organizó un taller y un disputado seminario en FLACSO

Quito para discutir la tipología de orientaciones políticas
en América Latina.

Especiales agradecimientos a Francisco Delich,
Fernando Mayorga y Pablo Salvat, por sus comentarios
y por facilitarme la discusión de capítulos con mis estu-
diantes de posgrado del Centro de Estudios Avanzados
de la Universidad de Córdoba, el CESU en la Universidad
Mayor de San Simón de Cochabamba y la Universidad
Alberto Hurtado en Santiago de Chile.

También deseo agradecer a Caterina Colombo,
que me soportó varios años con innumerables demandas empíricas y analíticas; a mis amigos y colegas
Juan Enrique Vega, Isidoro Cheresky, Héctor Palomino,
Antonio Araníbar, Armando Ortuño y Santiago Daroca.
Para un primer borrador conté con el agradable apoyo
de Julián Natanson. Francisco Canedo tuvo la gentileza
de apoyarme generosamente actualizando los datos
estadísticos citados, y Alicia Szmukler, como siempre,
fue muy generosa con comentarios y críticas. A todos
ellos, muchas gracias por su apoyo, que en nada los
compromete este texto.

Cómo no terminar con agradecimiento y cariño por
donde empecé a investigar: la Facultad Latinoamericana
de Ciencias Sociales, FLACSO. Su influencia intelectual
fue fundamental en nuestra Escuela de Sociología de la
Universidad de Chile. Allí realicé mis primeros estudios
sobre temas culturales y aprendí de maestros y queri-
dos amigos, como Enzo Faletto, Luis Ramallo, Wilson
Cantoni, Manuel Castells y tantos otros. Y sobre todo,
viví momentos duros de refugio y de amistad inolvi-
dables en los dolorosos meses del golpe de Estado de
1973. Mi reconocimiento a la FLACSO de hoy, de esta
era de cambio, a su Secretaría General, por posibilitar
compartir mis visiones, ideas y conceptos sobre América
Latina en estos *tiempos de cambio*.

Con estos recuerdos deseo dedicar este libro a Alain Touraine, que siempre estuvo con nosotros con sus ideas y con su hermoso compromiso con América Latina y su palabra.

Fernando Calderón G.

Capítulo I
Globalización y política

Vivimos una época de transición hacia una sociedad del conocimiento cuyo núcleo es la información y la capacidad para manejarla y producirla. Esta transformación ha sido impulsada fundamentalmente por los cambios desatados en el plano de la tecnoeconomía y de la comunicación, con la participación de actores globales como las transnacionales, la inteligencia científico-técnica, los Estados, los profesionales de la información y los movimientos socioculturales. Con ello, un nuevo tipo de problemas y opciones se ha instalado en las sociedades latinoamericanas. Y con ello también está cambiando la política.

La emergencia de la sociedad del conocimiento supone una reconversión industrial y un dinamismo en las comunicaciones impulsado por las nuevas tecnologías, al tiempo que se produce una reestructuración de las relaciones entre empresas, Estado y actores socioculturales. En definitiva, se trata de un nuevo patrón capitalista basado más en el conocimiento que en la producción industrial. En este contexto, el Estado ha perdido soberanía frente a los actores supranacionales y capacidad política interna frente a mercados cada vez más abiertos sobre los que ejerce un escaso poder de regulación, debilitándose así su capacidad de asegurar equidad y bienestar social. Sin embargo, hoy más que nunca, el Estado aparece como un factor clave tanto de la cohesión social como del posicionamiento de las economías nacionales en la globalización. Se trata, en definitiva, de un ciclo largo que recién comienza.

Frente a esta situación, a partir de los años 1980 surgen nuevas subjetividades y movimientos socioculturales anti y alterglobalización, que plantean una oposición a la creciente concentración económica y dejan en evidencia los límites de la política. Con sus propuestas, dinámicas y acciones, estos movimientos no sólo objetan un orden global regido por las leyes financieras del mercado y del consumo, sino que también ponen en cuestión la centralidad de los partidos políticos y de los movimientos sociales clásicos, como el movimiento obrero. Ante las dificultades de estos últimos actores para adaptarse a los veloces ritmos de la sociedad del conocimiento, y dada su lentitud para responder a las nuevas demandas y dinámicas sociopolíticas en una sociedad cada vez más compleja, se ha producido un desplazamiento del lugar central que solían ocupar, hecho que resulta comprensible en sociedades altamente diferenciadas y complejas. Hoy se habla de sociedades "policéntricas", con subsistemas crecientemente diferenciados, en las cuales los actores políticos clásicos tienen dificultades para ubicarse.

Este fenómeno se da de manera paralela a la creciente importancia política del ámbito de la comunicación, ámbito en el cual actualmente se estructuran y renuevan los conflictos asociados con los cambios estructurales, la crisis y la dinámica de la política. El espacio público hoy se construye en y desde la relación con los medios tradicionales (en particular, la televisión) y de forma creciente con los horizontales (Internet, teléfonos celulares, etc.). Estos medios, además, cambian para estar cada vez más interconectados, dando lugar a una nueva lógica de comunicación que redefine al campo político mismo.[1]

---

[1]   "La difusión de Internet, teléfonos celulares, medios digitales, y una variedad de herramientas de software social ha impulsado el desarrollo de redes sociales horizontales de comunicación interactiva que conectan lo global y lo local en el momento que se elija" (Castells, 2000: 206). El Informe de Desarrollo Humano sobre la juventud en el MERCOSUR ha

En este sentido, América Latina ha experimentado distintas situaciones según el país de que se trate, vinculadas a momentos particulares del desarrollo del capitalismo global. Sin duda, los cambios producidos complejizaron la realidad del continente, llevando a una mayor diferenciación social y funcional y a una desestructuración de las sociedades. En general, hoy se constata en toda la región la prevalencia de una inserción limitada y dependiente del cambio global, asociada con procesos de desestructuración y exclusión social a escala nacional. Esta situación es producto de una dinámica histórica en la cual es posible detectar tres momentos.

Un primer momento de impacto de los cambios globales se vinculó con la inserción de los países de la región en la globalización. La respuesta generalizada se expresó en las reformas estructurales realizadas en base a la ideología de mercado, siguiendo las recomendaciones del denominado "Consenso de Washington". Si bien la mayoría de los gobiernos llevó a cabo dichas reformas, las modalidades de aplicación fueron diferentes, según las particularidades políticas e históricas de sus procesos de modernización, siendo unas más ortodoxas, con una inserción más bien pasiva, y otras más heterodoxas, con una inserción más activa. Una conclusión que surge de estas experiencias es que mientras mayor sea la capacidad de manejo de los códigos modernos, mejor la calidad de la matriz socioeconómica interna y más sólidas las instituciones democráticas, mejores condiciones tendrán las sociedades y sus ciudadanos para enfrentar positivamente los procesos de cambio global. Sin embargo, más allá de las diferencias entre países, los efectos positivos

---

denominado a la generación actual de jóvenes como la "generación de la tecnosociabilidad". Con ellos habría emergido una nueva politicidad, como se verá más adelante (PNUD, 2010).

en la sociedad y en el desarrollo de conocimiento cien-
tífico y tecnológico fueron muy limitados, y en general,
los resultados en términos de productividad y bienestar
social no fueron auspiciosos. La región perdió peso en
la economía mundial y la desigualdad social aumentó
hasta principios del presente siglo.[2] El hecho de haber
aplicado reformas que no produjeron cambios estructurales en la educación, mayor calidad en el empleo, ni
innovaciones científicas y tecnológicas, constituye el
problema central de la inserción de América Latina en
la globalización.

Como consecuencia de este primer impacto de
transformaciones a nivel global se pasó a un segundo
momento de inflexión y cambio político, caracterizado
por el surgimiento o desarrollo de gobiernos de carácter
reformista que revalorizaron el papel del Estado y buscaron mayor integración social sin cambiar, empero, la
matriz de las estructuras productivas. Este fenómeno se
dio de manera paralela a una mayor autonomía regional
respecto al juego político mundial y, particularmente,
gracias a la unidireccionalidad de la política de Estados
Unidos respecto de la guerra de Medio Oriente. Cabe
destacar aquí que después de los atentados del 11 de
septiembre de 2001 quedó en evidencia la insuficiencia
de la economía de mercado para regular los conflictos
transnacionales, y el Estado, bajo la forma de un "Estado
guerrero", volvió a colocar a la guerra, y consecuentemente a la política bélica, en el centro del escenario mundial,
fomentando así una visión antagónica amigo-enemigo.

---

[2]   Entre 1975 y 2003, la tasa de crecimiento promedio anual del PIB per
cápita para América Latina ascendió al 0,6%, mientras que para los
países OCDE con altos ingresos fue del 2,2%. También puede verse la
pérdida de participación relativa de América Latina en el PIB mundial:
en el año 2000, el PIB de la región representaba el 6,3% del total mundial
y en 2005 disminuyó al 5,6% (CEPAL, 2006).

Quedó instalada de este modo la paradoja que supone la necesidad de la política, por un lado, y su debilidad al basarse en la mistificación del mercado y de la guerra, por otro.

Hoy es posible hablar de un tercer momento en este proceso de globalización, caracterizado por una brutal crisis financiera global, una espiral que destruye ahorros, empleos, inversiones y proyectos políticos, y que deja en evidencia el fracaso de la idea de que el mercado global y financiero era en sí mismo un motor de crecimiento y orden político perpetuo. Esta crisis es el resultado de un modelo de capitalismo basado en la reificación de las finanzas como un instrumento mágico de multiplicación del dinero y en el consumo desmedido como símbolo de progreso social. La burbuja financiera producida por un endeudamiento sin límites estalló; esto revela no sólo las tensiones económicas acumuladas a lo largo de los años, sino también y ante todo, la crisis de un modelo de sociedad basado en el consumo y el individualismo. En definitiva, lo que hoy está en crisis no es sólo el sistema financiero, con sus impactos sobre la economía real y las estructuras de poder a escala nacional y global; se trata de una crisis del primer ciclo de la globalización, es decir, de aquel que vinculaba la transformación tecnoinformacional con el capital financiero y con un patrón de consumo concentrador y socialmente excluyente.

El modo en que los distintos países latinoamericanos enfrentarán este tercer momento de crisis dependerá de su experiencia histórica, de sus respectivos procesos de modernización y de los bagajes con que cuentan para tener un rol más activo en la globalización. El rol que tome la región dependerá de la capacidad de nuestras sociedades, culturas y Estados para enfrentar los desafíos que esta nueva sociedad global plantea. De alguna manera podemos decir que la región se adelantó a esta crisis del capitalismo global, ya que desde principios de siglo distintos países sufrieron sus propias crisis, hecho que los llevó a replantearse el rumbo que habían tomado. Pero ya nos extenderemos sobre este punto en el próximo capítulo. Ahora, para lograr una comprensión más profunda, conviene caracterizar con cierto detenimiento los procesos de cambio vividos.

El surgimiento de la sociedad de la información

Comencemos diciendo que vivimos en un mundo globalizado en el que han aumentado las interdependencias entre países, regiones y ciudades, y a cuyos beneficios se accede de manera desigual de acuerdo a los intereses del capital y a los recursos tecnológicos, científicos, comunicacionales y políticos que se posea para intervenir en él. Muy bien, pero ¿de qué se habla cuando se menciona el tan usado término "globalización"?

La globalización es un proceso que se da fundamentalmente a partir de la tecnoeconomía de la información y la comunicación, y que implica una interconexión simultánea entre diferentes sectores considerados económicamente valiosos de distintos países y regiones. Esto es posible gracias a las nuevas tecnologías de información que permiten concebir al espacio sin límites y al tiempo como único para todos los habitantes del planeta.

Si bien la economía ha funcionado de manera interdependiente por siglos, lo que caracteriza a la globalización son los nuevos mercados comerciales de bienes, servicios y financieros (que funcionan las veinticuatro horas del día y están conectados a escala mundial), los instrumentos y medios de comunicación (básicamente Internet, teléfonos celulares y transporte más veloz), los nuevos actores transnacionales (desde empresas multinacionales hasta organismos internacionales, los nuevos movimientos socioculturales, las ONG de carácter global y los bloques comerciales regionales) y las normas con rasgos internacionalizados que rigen los nuevos mercados (una política económica expandida en el mundo basada en la privatización y la liberalización, regulación sobre derechos humanos básicos, convenios mundiales sobre medioambiente; todas estas medidas conocidas como recomendaciones del "Consenso de Washington").[3]

Al mismo tiempo, en las últimas décadas se han producido procesos de flexibilización de la gestión del capital a nivel mundial, una acelerada descentralización e interconexión de las empresas, un aumento del poder del capital con respecto al poder del trabajo, un cambio profundo en las relaciones laborales y en la regulación de los mercados de trabajo, la desregulación de los mercados con una intervención estatal mínima, una intensificación de la competencia económica global en un contexto de creciente diferenciación cultural, la creación de nuevos bloques económicos y una globalización central y dominante del sistema financiero.

Ahora bien, en realidad todos estos cambios son un reflejo de otro más profundo: la transición de sociedades industriales a sociedades red, de economías de capital físico a economías del conocimiento y la información, de sociedades de la producción a sociedades de comunicación y consumo, del modelo del Estado-nación a un modelo global interdependiente.

En este contexto de transición, los procesos de globalización económica –al incluir sólo a los sectores que se consideran económicamente valiosos en los distintos países, regiones o ciudades– han producido una gran desigualdad, por lo que conviven en un mismo país o región zonas incorporadas a dichos procesos y otras

---

[3]   PNUD (1999).

que viven en la miseria y la exclusión más absoluta.[4]
En América Latina, este es un problema de particular
importancia.

Así, si bien es cierto que la globalización abre una
serie de nuevas oportunidades a distintos países y regiones, también conlleva el problema del aumento de las
desigualdades. A pesar de que desde la óptica neoliberal
el acceso a los mercados es supuestamente libre y no
existen normas que rijan la competencia, en los hechos,
los países desarrollados limitan la entrada de bienes y
servicios a sus mercados según su conveniencia, dejando
en desventaja a los países en vía de desarrollo y evidenciando que las reglas de la globalización no son iguales
para todos. Y lo mismo ocurre con el mercado cultural,
que se encuentra liderado por empresas transnacionales
de comunicación dirigidas desde los países ricos, especialmente por Estados Unidos, empresas que tienen un
alcance global y que, en gran medida, determinan lo que
se consume culturalmente.

Como dato ilustrativo de esta situación, en el *Informe
de Desarrollo Humano 2005* se sostiene que "la distribución
mundial del ingreso se parece a una copa de champagne.
En la parte de arriba, donde la copa es más ancha, el 20%
más rico de la población obtiene el 75% del ingreso mundial. En la parte inferior del pie [...], el 40% más pobre sólo
el 5% del ingreso mundial, y el 20% más pobre, apenas el
1,5%".[5] En otro estudio del Programa de Naciones Unidas
para el Desarrollo (PNUD), se sostiene: "Las desigualdades
mundiales han aumentado constantemente durante casi
dos siglos. Un análisis de las tendencias de largo plazo de
la distribución del ingreso mundial [entre países] indica
que la distancia entre el país más rico y el más pobre era de

---

[4]   Un texto clásico que trabaja este fenómeno es el de Castells (1996).
[5]   Para mayor detalle, véase PNUD (2005).

alrededor de 3 a 1 en 1820, de 11 a 1 en 1913, de 35 a 1 en 1950, de 44 a 1 en 1973 y de 72 a 1 en 1992. Es más sorprendente todavía que los británicos tuvieran en 1820 un ingreso alrededor de 6 veces superior al de los etíopes en 1992".[6] Un último ejemplo: un reciente estudio sobre distribución de ingresos en México muestra los impresionantes niveles de concentración reinantes en ese país. En este estudio se calculó el ingreso implícito de las diez familias más ricas de México, asumiendo de forma conservadora un retorno del 5% para su capital, para llegar a la conclusión de que estas familias millonarias tienen un ingreso potencial 400 veces superior al 0,1% más rico del país, y 14.000 veces superior al promedio de ingresos del país.[7]

El problema es difícil, pues mientras la sociedad cambia, la dinámica entre incluidos y excluidos también lo hace. La calidad del acceso a este mundo globalizado depende cada vez más del desarrollo de conocimientos en ciencia y tecnología y de la capacidad de obtener y procesar información. El uso de las redes en la comunicación y en el acceso a la información, en la visibilidad de los actores y en los nuevos vínculos con otros, destaca por su impacto sobre la inclusión social. En definitiva, la capacidad integradora de la red es tan exhaustiva como el potencial de exclusión para quienes no acceden a ella. Este es el lado oscuro de la globalización y uno de los problemas principales del modelo de crecimiento que hoy está en crisis, modelo que creó un estilo de vida en el cual el consumo aumentó a niveles extraordinarios pero ciertamente no gracias a la inclusión de poblaciones antes relegadas. En pocas palabras, las poblaciones incluidas en este sistema económico mundial siguieron, por lo general, unas pautas de consumo desmedidas,

---

[6]   PNUD (1999: 38).
[7]   Guerrero; López-Calva y Walton (2006).

mientras que los excluidos y los semiincluidos no terminan de acceder a niveles básicos de bienestar.

La crisis que estalla hoy es una crisis financiera producida por un crecimiento sin límite del endeudamiento público y privado. Cierto. Pero es ante todo una crisis de este modelo de sociedad. Desde comienzos de la década de 1990, y especialmente desde la segunda mitad, se crearon instrumentos financieros que resultaron un gran negocio para los bancos y los involucrados en el mundo financiero, pero que no tuvieron un correlato total en la economía real. Así, al igual que en la crisis de la década de 1930, hoy esta burbuja estalló y el tipo de capitalismo imperante desde hacía tres décadas entró en una crisis profunda. Todavía no sabemos qué vendrá. La construcción de un sistema que lo sustituya es incierta porque no se había pensado en ello. Lo único garantizado es la incertidumbre frente al futuro.

Nueva dinámica en los patrones de inclusión y exclusión

Las paradojas abundan en esta nueva dinámica entre inclusión y exclusión. Mientras se universaliza el consumo mediático, la segmentación en la conectividad produce nuevas brechas en educación, poder y comunicación; mientras avanza la cobertura escolar, se segmentan los logros educativos por grupos socioeconómicos, con la consiguiente reproducción intergeneracional de la pobreza; mientras la sociedad de la información mejora la distribución de las imágenes, empeora la distribución de la riqueza; mientras se crean condiciones para un mayor espacio político y tecnológico para el desarrollo del interculturalismo, la penetración de los grandes emporios mediáticos y los patrones de consumo que ellos promueven tienden a homogenizar estilos de vida que aparecen como los únicos posibles. El saldo son sociedades más expuestas al consumo cultural y con mayor educación, pero sin los medios para satisfacer las demandas y sueños que tal exposición provoca. Este proceso de frustración de expectativas, un violento choque entre posibilidades y oportunidades, constituye una de las principales fuentes actuales de conflicto y malestar.

La sociedad de la información genera nuevas formas de inclusión y exclusión relacionadas con una nueva división social del trabajo. Los sectores que mejor se integran hoy en día son los vinculados a la producción de conocimientos, los que tienen sistemas y estructuras flexibles e invierten en tecnología de información. Cada vez más se tiende a entender la exclusión como "exclusión respecto de la sociedad red", vale decir, respecto de la tecnología, la educación, el conocimiento y los nuevos mercados.

Al mismo tiempo, los procesos de globalización económica no generaron mayor nivel de empleo ni la expansión de trabajos más calificados, sino que, por el contrario, se intensificó la flexibilización de los mercados laborales con efectos negativos para los trabajadores en cuanto a estabilidad y seguridad laboral. Esto aumenta la inequidad, pues, por otra parte, la velocidad de los avances tecnológicos es mucho mayor que la de la capacitación de la fuerza laboral, con lo cual los trabajadores que no pueden seguir ese ritmo se van descalificando a medida que la tecnología avanza.

Todos estos aspectos de la globalización producen una gran exclusión social y económica e inciden en los menores niveles de participación social y política, y por lo tanto, en el debilitamiento de la ciudadanía. En otras palabras, como consecuencia de todos estos cambios, se produce un debilitamiento del régimen democrático existente que pierde legitimidad en la medida que es incapaz de dar respuestas eficaces a los procesos mencionados. Más aun, las acciones emprendidas por los gobiernos de los países en vías de desarrollo para insertarse en la economía global implicaron en general duros golpes para la mayor parte de la población, afectando los niveles de seguridad social al reestructurar la economía y la sociedad mediante la privatización de empresas públicas y la liberalización de los mercados, con la consecuente flexibilización laboral. De esta manera, el Estado dejó de ser el garante del bienestar social y vio limitadas su intervención y sus responsabilidades básicas en sectores como educación y salud.

Pero no todo es negativo. Como suele suceder en la vida, existe otra cara de la moneda: la posibilidad de diversos actores de acceder a los medios interactivos puede actuar como un factor incluyente en las sociedades latinoamericanas. Abundan los ejemplos en los que el uso de nuevos bienes culturales y comunicacionales permitieron la conexión horizontal entre importantes grupos étnicos, organizaciones feministas, grupos ecologistas, movimientos de jóvenes, agrupaciones promotoras de la ética en la política o de derechos humanos y diversas ONG. Todos ellos actualmente se movilizan para plantear demandas particulares, y encuentran en la red y en los medios un espacio de comunicación de sus propuestas y problemas, un ámbito de encuentro con otros interesados, que hace posible aumentar el protagonismo de sujetos antes autorreferentes que buscan otro tipo de globalización, de modelo de sociedad. Entre los jóvenes, por ejemplo, han emergido valores colectivos de autonomía personal. Este es un tema particularmente importante, como se verá más adelante, para entender las nuevas formas de politicidad en la región.

Sin embargo, también en este plano existen asimetrías que reproducen patrones excluyentes. Así, es preciso discutir: ¿cómo contrarrestar las asimetrías que emergen cuando unos actores capitalizan tecnología comunicativa para hacerse presentes y otros no? ¿Cómo promover los medios técnicos idóneos y el conocimiento sobre su manejo para que favorezcan un juego democrático incluyente en la sociedad de la información? ¿Cómo hacer frente a la nueva brecha entre informatizados y desinformatizados para no ahondar desigualdades en el plano de las representaciones simbólicas que circulan por la red, pues mientras unas pueden ejercer influencia en la toma de decisiones políticas, otras, por ser "electrónicamente invisibles", corren el riesgo de ser políticamente excluidas?

Desde posiciones críticas se sostiene que las inequidades son parte de la lógica de la globalización, que sería ni más ni menos que "la conquista final del capital del resto del mundo", lo que implica dominación política y explotación económica.[8] En esta visión, la globalización tendría una lógica fundamentalmente mercantilista que precisa, por un lado, extender la venta de los productos y servicios con un alto valor agregado de conocimiento, y por el otro, explotar la mano de obra calificada y no calificada, obteniendo las materias primas más baratas. Hay autores que se aventuran incluso más allá, al sostener que en realidad la globalización es la ideología del capitalismo, utilizando este término para vincular fenómenos que son autónomos, aunque pueden relacionarse.[9]

En este punto, es interesante lo que plantea Touraine, para quien la globalización expresa, ante todo, la distancia creciente entre el mundo de la racionalidad técnica o instrumental y el mundo de la racionalidad sustantiva, de la subjetividad o de las identidades. A su entender, este sería el problema central de la crisis de la Modernidad no resuelto por la política, que ahora tampoco es capaz

---

[8]   Ver Tandon (1997).
[9]   Ver, entre otros, Touraine (1999).

de dar respuestas de carácter universal que vinculen lo económico con lo cultural.[10]

El vínculo entre inclusión simbólica y material hoy es difuso: mientras el acceso a recursos materiales es obstaculizado por una distribución del ingreso que no mejora y, más aun, se agrava en períodos de recesión con el aumento del desempleo en los grupos de menores ingresos, por otra parte, se expande el acceso a bienes simbólicos tales como la educación formal, la televisión y la información. Esta suerte de desequilibrio permitiría suponer que existen más posibilidades de lograr inclusión social a partir del campo simbólico que del económico. Sin embargo, la idea de que el uno y el otro forman un círculo virtuoso se ve desmentida por los hechos.

América Latina es probablemente la región en desarrollo con mayor brecha entre consumo simbólico y material, lo que se comprueba al contrastar la distribución del ingreso y la difusión tecnológica. Respecto a la primera brecha, América Latina es una de las regiones más desiguales del mundo.[11] Según cifras del *Informe sobre Desarrollo Humano 2005*, el coeficiente de Gini de la región alcanza 0.571, mientras que el de los países de altos ingresos es de 0.368.[12] Por otro lado, en promedio, entre 1990 y 2004 la cantidad de líneas telefónicas y teléfonos celulares por cada 100 habitantes creció más de 7 veces, y la de usuarios de Internet, más de 39 veces.[13] Estos datos nos dicen que resulta fundamental pensar el

---

[10] "Actualmente no estamos viviendo el proceso de globalización, sino la disyunción de la modernización instrumental y del mundo de las conciencias que se convierte en un mundo de identidades. [...] esto quiere decir que entre ambos, el mundo de la economía y de la técnica, por una parte, y el mundo de las culturas, por otra, el mundo social y político se hunde, desaparece, se derrumba". (Touraine, 1999: 135).

[11] Para mayor detalle, véase PNUD (2005).

[12] *Ibíd.*

[13] CEPAL (2007).

problema de la distancia entre expectativas de inclusión y la inclusión social efectiva.

Para actualizar y problematizar estas cuestiones de una manera más o menos simple e integrada, he tomado como referencia principal cuatro informes sobre la igualdad que hoy están sobre el tapete de aquellos que planifican políticas. La Comisión Económica para América Latina (CEPAL) ha escrito recientemente dos informes: *La hora de la igualdad* y el interesante estudio *América Latina frente al espejo*, que trata sobre las dimensiones subjetivas de la desigualdad.[14] El PNUD, por su parte, elaboró un *Informe Regional sobre Desarrollo Humano* sobre la transmisión intergeneracional de la desigualdad, y otro subregional sobre inclusión social e innovación de los jóvenes en el MERCOSUR.[15] He tratado de sintetizar toda esta información en torno a algunas ideas o tesis básicas expresadas en una apretada síntesis de once puntos. Allí se exponen los problemas más importantes de la desigualdad en una perspectiva integrada de análisis.

I)   *La desigualdad constituye un rasgo crónico del atraso y de los límites a la ciudadanía en América Latina.*
      América Latina es la región más inequitativa del mundo, con niveles equivalentes a los del África subsahariana. Sin embargo, entre 1997 y 2007 la desigualdad disminuyó en más de diez países, observándose una mejoría en el índice de Gini. Brasil es el país que más mejoró, pero continúa siendo uno de los países con peor distribución del ingreso en la región.
      La polarización del ingreso es un rasgo de la desigualdad en América Latina. El índice de polarización (elaborado por Esteban y Ray, 1994) muestra que la

---

[14]   CEPAL (2010; 2010a).
[15]   PNUD (2009; 2010).

polarización promedio en la región se encuentra un 44% sobre la media europea y es un 40% superior a la media de los países de la Organización para la Cooperación y el Desarrollo Económico (OCDE); asimismo, que esta polarización tendió a aumentar, sobre todo en la década de 1990, especialmente en países como Argentina, Bolivia, Colombia, Paraguay, Perú, Uruguay y Venezuela.[16]

La distribución del ingreso está asociada con distintos niveles de concentración y acumulación entre los sectores más poderosos. Por ejemplo, en México las diez familias más ricas entre 1996 y 2007 (con más de 1.000 millones de dólares), aumentaron sus ingresos 205 veces más que el 1% más rico de México, y 14.000 veces más que el promedio per cápita de ingresos mexicanos.[17]

II) *"La desigualdad reproduce desigualdad, tanto por razones económicas" como políticas, y limita la posibilidad de los ciudadanos de hacerse escuchar.*

La desigualdad se caracteriza por una baja movilidad socioeconómica entre generaciones: "Cuanto mayor es la correlación intergeneracional, entre [los niveles de escolaridad o de ingresos], mayor es la influencia de los factores determinados por el hogar [...] en la reproducción de la desigualdad", señala el *Informe Regional del PNUD.*[18]

III) *La pobreza absoluta persiste como un problema estructural en la región.*

Si bien mejoraron los índices de pobreza absoluta (que se redujeron el 10% entre 1997 y 2007), en 2007 ésta afectaba al 34% de los latinoamericanos. Por otra

---

[16] PNUD (2010).
[17] Guerrero; López-Calva y Walton (2006).
[18] PNUD (2010: 20).

parte, la indigencia también disminuyó del 19 al 13% en los mismos años; sin embargo, en algunos países tiene todavía rasgos estructurales fuertes.

IV) *Los avances en la disminución de la pobreza y en el aumento de la equidad deben ser analizados en una perspectiva multidimensional y en relación con los procesos de inclusión en una vida decente (educación, salud y riesgo ambiental, ingresos, condiciones de vivienda y afiliación institucional).*

En el *Informe sobre Desarrollo Humano para MERCOSUR 2009-2010* se destaca que en todos los países, más de la mitad de los jóvenes enfrenta al menos una privación de las cinco dimensiones consideradas. Si se considera tres o cuatro privaciones, se estaría frente a situaciones de exclusión dura, mientras que si las privaciones son entre una y dos, se estaría en situaciones de inclusión desfavorable. Pareciera que este es el rasgo central hoy de la desigualdad en la subregión.

En estos diez años mejoraron los indicadores sociales, aumentando el nivel de inclusión desfavorable. El modelo latinoamericano parece caracterizarse por una disminución de la pobreza, pero con mantenimiento de niveles importantes de desigualdad y aumento de los niveles de concentración, sobre todo entre los súper ricos.

V) *La desigualdad se reproduce por el origen étnico.*

En la región hay cincuenta millones de indígenas y ciento veinte millones de afrodescendientes que representan el 33% de la población. En ellos se concentra la desigualdad. La población indígena, especialmente rural, vive una situación peor que el resto de la población en indicadores de hacinamiento, desnutrición, agua potable, mortalidad infantil.

VI) *La desigualdad se expresa en las relaciones de género.*

A pesar de haber aumentado la equidad de género en los últimos años, permanecen grandes barreras de discriminación hacia las mujeres. Ellas tienen mayores niveles de pobreza, menores niveles de independencia económica (derivados de su participación menor en el mercado de trabajo), sobrecarga en labores domésticas, remuneraciones menores y empleos de menor calidad, además de brechas importantes en la representación política.

VII) *Las percepciones negativas sobre la desigualdad y la pobreza son persistentemente altas.*

El 80% de la población en América Latina consideraba injusta la distribución del ingreso en el año 1997; en 2002, el porcentaje llegaba a 87%, y en 2007, descendía a 78%, luego de cinco años de crecimiento económico sostenido, de disminución de la pobreza e incluso de disminución de la desigualdad.

Los latinoamericanos tienen una visión crítica de la justicia en la distribución del ingreso, incluso a pesar de algunas mejoras. El caso más sugestivo es Chile, donde la pobreza bajó de manera extraordinaria, pero su percepción y la percepción de la desigualdad se mantuvieron relativamente altas. Hay un problema de malestar instalado con la modernización económica, como trabajó el *Informe de Desarrollo Humano de Chile 1998*. Esta percepción tampoco es ajena a la de las elites latinoamericanas. Así, en un estudio sobre las elites realizado por el Proyecto de Análisis Político y Escenarios Prospectivos (PAPEP) en las cuatro economías más grandes de América Latina, ellas destacan que los problemas de desigualdad y pobreza constituyen los más graves de la región.[19] Esto permite deducir que, a pesar de algunos cambios en indicadores sociales,

---

[19]   Ver González (2008), y Vega (2008).

no cambia una visión de reproducción simbólica de la desigualdad.

La frustración de expectativas es un dato relevante del malestar social. Si a la situación y a la percepción de las desigualdades se agrega el acceso acelerado de la población a niveles de educación y, sobre todo, a medios de comunicación de masas (radio, televisión, teléfono, celulares, Internet), se tienen sociedades con mayores expectativas de progreso pero a la vez más frustradas. Probablemente esto está amortiguado por las orientaciones políticas progresistas hoy predominantes en la región. La cuestión se evaluará solamente en base a los resultados en el mediano plazo.

VIII) Los países que tienen mayores brechas sociales tienden a reproducir sus desigualdades y sus percepciones de desigualdad en mayor medida que aquellos que tienen brechas menores.

Así, la población que cree que la distribución de la riqueza es muy injusta aumenta entre los más pobres, mientras que la población que opina que la distribución de la riqueza es más justa se incrementa en la medida en que asciende socialmente.

Un ejemplo extremo es la Bolivia de los años 1990. El *Informe de Desarrollo Humano de Bolivia 2000* encontró estas mismas tendencias, pero además, que los más pobres tenían más fe en el país y menos en sí mismos, mientras que los ricos tenían una percepción inversa (teorema de Almaraz).

El factor de la legitimidad de la política es un factor de atenuación de las tendencias mencionadas. En aquellos países donde se han introducido cambios simbólicos de equidad en las relaciones interétnicas, de dignidad y de influencia y control en el sistema de toma de decisiones, mejoran las percepciones de la igualdad. Este es el caso de Venezuela y de Bolivia, donde cayeron los niveles de concentración del ingreso y a la vez mejoraron las percepciones distributivas. Sin embargo, la caída objetiva fue mucho mayor en Venezuela que en Bolivia, aunque las percepciones son similares. Esto está directamente relacionado con el reconocimiento simbólico de los pueblos indígenas y el mayor control del Estado en los recursos sociales de la economía. El mejoramiento de las percepciones distributivas fue mayor en estos países que en el resto de la región.

IX) *También hay datos paradigmáticos: las mejoras en las percepciones y realidades sociales no se traducen en el mejoramiento de los niveles de seguridad humana necesariamente.*

Así, en Venezuela aumentaron de manera brutal la inseguridad y las percepciones de inseguridad. En cambio en Bolivia, los niveles de seguridad son importantes y de los más altos en América Latina, pero las percepciones de inseguridad son semejantes a las de Venezuela.

X) *Se experimenta un momento de oportunidad a favor de la igualdad.*

La prospectiva económica para el conjunto de la región es relativamente positiva; si a esto se suman los avances en la disminución de la pobreza, e incluso en equidad, y se asume la legitimidad de ciertas orientaciones políticas progresistas, es posible concluir que la región vive un momento de oportunidad única en su historia para avanzar en igualdad y desarrollo en los marcos de una gobernabilidad democrática.

XI) *El desafío: la ciudadanía integrada está en el centro de las demandas políticas de la sociedad.*

Las movilizaciones socioculturales han generado demandas de reconocimiento de identidades culturales que, conjuntamente con las demandas por derechos sociales, plantean avances en la igualdad social y en la eliminación de la discriminación étnica y de género, entre otras. La cuestión es cómo se vinculan con la construcción de la ciudadanía política. Aquí radica uno de los desafíos más importantes de las políticas de Estado y equidad.

Hoy día, incluso quienes están incluidos en el mundo formal de la economía y de la política viven una situación de dependencia y subordinación con respecto a relaciones socioeconómicas inciertas, debido a los vaivenes de la economía de mercado. Asimismo, su capacidad de acción colectiva tiende a debilitarse, ya que este tipo de inserción refuerza comportamientos individualistas en función del mercado y del consumo. Los excluidos, por su parte, son cada vez más heterogéneos y, como nunca antes en la historia del capitalismo, "prescindibles" en el mercado de trabajo. Ellos pugnan por integrarse de alguna manera, aunque sea en los márgenes del sistema, y se refugian en identidades comunitarias de diverso tipo. Surgen entre ellos nuevas estrategias de resistencia y de vida y subsistencia que les permiten enfrentar su condición con creatividad y valentía. Ellos son los que patentizan con más fuerza la necesidad de un Estado de derecho.

La política frente a la diferenciación social

Las prácticas ciudadanas también han cambiado. Hoy no se orientan tanto como en el pasado hacia un eje de lucha focal (el Estado, el sistema político o la nación como expresión territorial), sino que se diseminan en una pluralidad de campos de acción, de espacios de negociación de conflictos, de territorios e interlocutores. El procesamiento de demandas sociales se deslocaliza espacialmente, sea porque la complejidad de las sociedades modernas hace que se diversifique cada vez más su contenido, sea porque dichas demandas son menos susceptibles de ser "agregadas" con las de los grandes sindicatos y los partidos políticos, sea porque muchos grupos locales se conectan a la red para posicionarse primero a escala global y lograr que la comunidad global presione a los gobiernos nacionales para que respondan a sus reclamos locales generando una dinámica local-global-nacional que rompe todos los esquemas históricos.

Por otro lado, la creciente diferenciación de los sujetos por su inserción en nuevos procesos productivos o comunicativos y la mayor visibilidad de la cuestión identitaria hacen que los distintos grupos sociales y las demandas de inclusión se crucen cada vez más con el tema de la afirmación de la diferencia, la búsqueda de realizaciones y autonomías personales, las políticas de reconocimiento y la promoción de la diversidad. Campos de autoafirmación cultural que antes eran de competencia exclusiva de negociaciones privadas y autorreferencias de los sujetos colectivos hoy pasan a ser competencia de las personas y de la sociedad civil. Grupos étnicos y de género, principalmente, claman por ser reconocidos en su singularidad, por contar con derechos específicos y por la aplicación a su caso de derechos universales. Discriminación positiva, derecho al autogobierno y políticas diferenciadas en educación son algunos ejemplos que emanan de esta situación. En síntesis, la idea de que la política en democracia supone uniformidad ciudadana está aparentemente agotada, o en todo caso, se trata de un asunto que el pensamiento político tendría que trabajar. Ahora la cuestión consiste en cómo combinar metas de igualdad social con metas de reconocimiento de la pluralidad cultural constitutiva de nuestras sociedades.

En el plano de la acción colectiva, buena parte de los actores políticos y sociales históricos se fragmentó, volviéndose más reactivos que proactivos, y hoy padecen un aislamiento que puede observarse, por ejemplo, en la pérdida de capacidad del movimiento obrero para negociar demandas, en la baja representación y legitimidad de los partidos políticos, y en la proliferación de múltiples y pequeños movimientos socioculturales que, por lo general, no logran articular propuestas en torno a una visión de la sociedad más amplia que aquella restringida a la defensa de sus intereses específicos. De este modo, nos encontramos con que se multiplicaron los conflictos y los actores, pero también se fragmentó su capacidad de acción y disminuyó su poder de incidencia en la orientación del desarrollo. Quizá por esto puede sostenerse que hoy se está más frente a sociedades policéntricas que unirreferenciales. La gran cuestión cosiste en cómo articular lo diverso y cómo recuperar una cierta idea de nación.

Estos cambios en la conformación de las sociedades y en el ejercicio de la ciudadanía forman parte de la modernización capitalista que se caracteriza, primordialmente, por sus procesos de diferenciación. En América Latina en particular, se observa, desde hace décadas, un proceso de diferenciación social que complejiza la estructura social; las clases sociales, que en el pasado aglutinaban y estructuraban a la población en grandes identidades colectivas, hoy se dividen en múltiples grupos sociales con subculturas específicas. Esta multiplicación de espacios cada vez más autónomos segmenta los intereses materiales y mina los principios universales que servían de anclaje a las identidades colectivas. Impulsada por los procesos de urbanización e informalización, la diferenciación social se expresa en la diversidad social, en las demandas de autonomía personal y en la pluralidad política. En consecuencia, en la medida que la política no logra renovarse para representar esta nueva y compleja realidad, la diferenciación social da lugar a procesos de disgregación y atomización, y las antiguamente abarcadoras identidades colectivas se fragmentan en múltiples "tribus" cohesionadas más por emociones compartidas (estadios de fútbol, recitales de rock) que por lazos duraderos. O, en algunos casos extremos, directamente definen individualismos cerrados. En otros términos: los actores se multiplican a la vez que se debilitan y esto afecta la representación política de los intereses sociales, pues cuanto más se debilitan los actores sociales, más difícil es su representación. Así, existe una distancia creciente entre la política (instituciones, partidos, etc.) y la sociedad.

De esta forma, la brecha entre representantes políticos y representados se acentúa, poniendo en entredicho el mismo carácter representativo del régimen democrático existente. Es en este vacío que se ha instalado y reproducido el dinamismo de los medios de comunicación, generando con la publicidad y el mercado de la imagen un orden político cada vez más instrumental. Sin embargo, no hay que olvidar que también está mutando el espacio público: ya casi nadie es teledirigido, pues el nuevo dinamismo también se expresa en el acceso y uso de los medios por parte de la sociedad, especialmente los nuevos medios como Internet y los celulares. En este sentido, es notorio que casi todos los nuevos movimientos estén altamente informatizados.

Sumado a la diferenciación social, gana preeminencia otro proceso característico de la modernización: la diferenciación funcional. Diversos campos de la sociedad van desarrollando racionalidades específicas acordes a sus funciones hasta constituir "subsistemas funcionales", relativamente cerrados y autónomos que sólo asimilan señales externas en la medida en que sean asimilables por la "lógica" interna del subsistema. Expresión de ello es la relativa independencia que muestran, por ejemplo, la economía, el derecho, la ciencia y la política misma, cada cual obedeciendo a su lógica específica. En definitiva, el desarrollo social ya no se rige por una racionalidad única, sino por una constelación de distintas racionalidades.[20]

Esta diferenciación funcional, sumada a la social, incrementa enormemente la complejidad de nuestras sociedades. A pesar de los grandes flujos de información, la vida social se vuelve más opaca y, por lo mismo, más impenetrable a un ordenamiento deliberado. En nuestros países se ha debilitado esa "unidad" de la vida social. La diferenciación avanza y puede llegar a un punto en que la sociedad pierda la noción de sí misma en tanto tal, o incluso en tanto sociedad nacional. Esto genera una angustia generalizada que provoca fenómenos como el increíble crecimiento de la industria de los psicofármacos. Ya en varios países y en áreas marginales se empiezan a desvanecer las representaciones colectivas acerca del "orden" y, por lo tanto, los sentimientos de arraigo social y de pertenencia a una comunidad nacional. Las grandes ciudades latinoamericanas muchas veces reflejan esto y anticipan las nuevas características de nuestras sociedades; allí suelen encontrarse sociedades altamente fragmentadas e incomunicadas. En ellas existe un espacio sin centro o, en algunos casos, un centro copado por excluidos que conviven con pequeñas islas de riqueza y consumo.

El desarrollo de una suerte de conexión perversa entre un sector de nuestras economías con la globalización, mediante el desarrollo del narcotráfico, constituye una de las formas más significativas, ya sea por la producción o por el consumo, de inserción en el capitalismo global. Las drogas y la inseguridad en vastas áreas urbanas son indicadores de subórdenes que ya regulan la vida de millones de personas. Asimismo, y de manera paradójica, esta ausencia real y simbólica del centro tiende a ser

---

[20]   Calderón y Lechner (1997: 6-7).

reemplazada por líderes locales fuertes, paternalistas
y muchas veces carismáticos que construyen un orden
de enclave: alta solidaridad interna en el barrio y guerra
con los oponentes de otros conglomerados urbanos.

Este descentramiento permite comprender las razones
estructurales que subyacen a los problemas de la política
hoy. Durante años, las crecientes dificultades de la acción
político-estatal para regular los procesos sociales eran atri-
buidas a deficiencias institucionales y a un instrumental
político insuficiente. Esto cambió: hoy se visualiza una
reestructuración global de la sociedad. Con el descentramiento del ordenamiento social también se modifica el
lugar de la política: ella pierde su centralidad, dejando de
ser aquel núcleo exclusivo a partir del cual se ordenaba al
conjunto de la sociedad. La cuestión entonces es cómo se
reconstituye una nueva idea de unidad en la diversidad de
lo global, de nación en la globalización o, mejor aun, cómo
se piensa una reforma de la política.

Un fenómeno sobre el que ya me extenderé, y que
evidencia la incapacidad de los actores clásicos de dar
respuesta a esta época, es el surgimiento, desde los años
1980, de nuevos movimientos socioculturales que plantean críticas al nuevo patrón económico y a una visión
ultrainstitucionalista de la democracia, y que muestran la
debilidad de los clásicos movimientos sociales que, en la
reestructuración, perdieron poder. Estos movimientos se
vinculan más a la vida cotidiana, a las discriminaciones
de género, al daño ecológico y al rescate de identidades
comunitarias que refuercen más el lazo social que a la
política partidaria. Sin embargo, quizás a excepción del
caso del Movimiento al Socialismo (MAS) en Bolivia y
del Partido de los Trabajadores (PT) en Brasil, han sido
partidos-movimientos con una respuesta relativamente
efectiva a la crisis de la política; aún subsisten dudas sobre
su capacidad de institucionalización y de articulación con

los partidos políticos institucionalizados y con proyectos de Estado y de sociedad que enfrenten los desafíos actuales de la globalización.

Profundizando en esta mirada política, insisto en la idea de que el poder se ejerce ahora en una lógica policéntrica. La pérdida o la limitación de soberanía de los Estados nacionales se ha dado conjuntamente con un nuevo reparto de poder entre actores transnacionales emergentes en los últimos treinta años, generando relaciones de conflicto o cooperación, según el caso, entre esos organismos y los Estados nacionales. De este modo, existen tres ámbitos específicos que marcan la política en la globalización: el de los Estados nacionales que, aunque han perdido soberanía, tienen aún cierto poder hacia adentro de sus países y en relación con los otros Estados; el de las organizaciones transnacionales (empresas multinacionales, organismos internacionales, etc.), que cada vez intervienen más en decisiones políticas, jurídicas y económicas nacionales, y que han aumentando la pérdida de poder de los Estados nacionales; y, por último, el fenómeno del terrorismo y la guerra, vinculado a la modernización tecnológica, a la industria de la comunicación a escala global y a las frustraciones frente a una globalización económica excluyente. Todas estas formas de poder y también de resistencia se expresan en un nuevo ámbito público cada vez más globalizado: el de la comunicación, tanto en términos de las clásicas dinámicas de la TV y la radio (cada vez más internacionalizadas), como de las modernas comunicaciones horizontales a través de Internet, los celulares y sus múltiples formas de expandirse y multiplicarse.

En síntesis, hemos pasado de un mundo que giraba alrededor del desarrollo industrial y de la política como centros de la sociedad a uno de sociedades más complejas y policéntricas, con conflictos que se intensifican y a su vez se fragmentan. Ya no existe un lugar de disputa solamente centrado en el Estado-nación o en la dirección de la industria; por eso la política, tal como funcionó hasta ahora, es insuficiente para responder a las nuevas preguntas en torno a cómo unir lo diverso, cómo buscar una inserción incluyente en la globalización, o en definitiva, cómo reformar la política. La cuestión queda planteada.

Capítulo II
Tiempos de inflexión

Como el resto del mundo, América Latina ha sentido el impacto de los procesos de globalización; sin embargo, cada región se ha insertado en este nuevo panorama mundial de manera diferente, incluyendo diferencias en su interior. En el caso de nuestra región, podemos decir que vivió un doble proceso de cambio: por un lado, de transformación de economías desarrollistas centradas en la creación del mercado interno y la sustitución de importaciones hacia economías más abiertas, con el eje en el mercado de exportación; por el otro, de transformaciones políticas vinculadas a la transición de regímenes autoritarios a regímenes democráticos.

La transformación económica comenzó con la severa crisis del modelo de desarrollo latinoamericano existente desde los años 1950, basado en la protección del mercado interno y en una fuerte intervención estatal. A mediados de la década de 1980, al entrar en crisis este modelo, empezó un ciclo de reformas económicas liberales que sería llevado a cabo en dos fases. En la primera se buscó recobrar los equilibrios macroeconómicos básicos que se habían descarrilado en la mayoría de las economías latinoamericanas a inicios de los años 1980. Para ello, se implementaron políticas de liberalización del comercio exterior y de los mercados financieros y se efectuaron ajustes en la política tributaria. Gracias a estas medidas, en líneas generales, el objetivo de estabilización de la economía se había logrado a mediados de esa década, registrándose en esos años una desigual recuperación de la mayoría de las economías latinoamericanas, que sería seguida por un crecimiento más consistente en la década siguiente. Así, es posible decir que si los años

1980 fueron la década económica perdida, los primeros cinco años de los años 1990 fueron los de la recuperación y el crecimiento de la economía. Sin embargo, a pesar del crecimiento sostenido, no se produjeron saldos positivos en los procesos de transformación productiva.

Pero el Banco Mundial se proponía ir más allá del logro de equilibrios macroeconómicos; a inicios de los años 1990 empieza la segunda fase de reformas, en la que se buscó transformar la estructura económica para garantizar un crecimiento económico sostenido y, al mismo tiempo, dar impulso a un nuevo patrón de inserción regional en los mercados globales. Con este fin se promovió una activa política de privatización de empresas públicas, de negociación de tratados de libre comercio y de reformas laborales e institucionales.[21] Sin embargo, estas fueron reformas sin actores, sin una visión de acuerdos o pactos políticos y sociales que las promovieran. Por ello, lo que en realidad ocurrió fue que el Estado se desmanteló a sí mismo.

Por el lado de la política, lo central en las dos últimas décadas es sin duda el avance del régimen democrático: los cambios económicos de los que hablamos ocurrieron en democracia –si bien es cierto que en una democracia más electoral que plenamente ciudadana–, y en buena medida, a partir de una revalorización de los principios democráticos por parte de la opinión pública. En líneas generales, se vive una legitimidad democrática única en la historia de la región, y existe un consenso generalizado acerca de la importancia de vivir en democracia. Pero cuidado: la democracia no está garantizada y no se pueden vivir transiciones eternas; hoy las condiciones económicas y sociales afectan fuertemente en el desarrollo y la democracia misma. La desigualdad, la

---

[21]   Calderón y Dos Santos (1991).

pobreza, los límites de la legitimidad institucional y de una democracia sustentada en una comunidad de ciudadanos siguen siendo tareas pendientes en la región.

En realidad, como argumentamos con Mario dos Santos (1991: 55), "el fin de un ciclo histórico tiene un costo social más alto que el comienzo de otro. Es urgente, decíamos, innovar integralmente y lo más rápido posible, potenciando a los actores políticos y a los actores sociales autónomos como los únicos garantes posibles de un desarrollo y una democracia estables". También mencionábamos que no parecían desarrollarse procesos de innovación ni en el plano político institucional ni en el de la transformación productiva. Y aun más: percibíamos que los costos sociales de una estabilización sin innovación serían más altos que aquellos que significaban logros en la reconversión productiva.[22]

En este sentido, al analizar los resultados de los cambios en los países de la región, en algunos casos –los menos–, particularmente en aquellos en los que se mantuvo cierta coherencia entre el comportamiento y las propuestas de los actores sociopolíticos, las reformas se aplicaron de manera más o menos heterodoxa y las condiciones económicas lo permitieron; se pudieron enfrentar las diversas crisis desde una posición de mayor fuerza, por lo que los resultados en términos de desarrollo y democracia fueron mejores. Los casos paradigmáticos aquí son Chile y Brasil. Por el contrario, en los casos donde las matrices sociopolíticas fueron inestables, los recursos económicos insuficientes y la aplicación de las reformas estructurales se dieron de manera más o menos ortodoxa, los resultados en términos de democracia y desarrollo no solo fueron precarios, sino que además provocaron crisis institucionales muy graves.

---

[22]   *Ibíd.* Ver también Calderón y Castells (2003).

Argentina es un claro ejemplo –la crisis de 2001 mostró el colapso de las reformas ortodoxas y de las prácticas políticas que las implementaron–, pero dista de ser el único: es la situación de la mayoría de los países de la región, hecho que condiciona los ritmos de la evolución de la calidad de la democracia.

El cuadro 1 muestra esta dinámica. Por un lado, el índice de reforma económica evidencia cómo durante los años 1990 la región avanzó en la aplicación de las reformas, alcanzándose niveles muy elevados. Por el otro, hubo una bajísima tasa de crecimiento del PBI, acompañada por un descenso muy leve en los índices de pobreza e indigencia y, principalmente, un aumento en la concentración del ingreso y en la tasa de desempleo.

Cuadro 1. América Latina. Reformas y realidades

	Índice de reforma económica	Crecimiento del PBI per cápita anualizado %	Pobreza %	Indigencia %	Coeficiente de Gini	Desempleo urbano
1981-1990	0,58	0,7	46,0	20,4	0,551	8,4
1991-1997	0,79	0,6	42,8	18,3	0,574	8,8
1998-2002	0,83	1,2	42,8	17,7	0,577	10,4

Fuente: PNUD-PRODDAL (2004).

En este punto, resulta interesante contrastar los datos del cuadro 1 con el gráfico 1.

**Gráfico 1. América Latina: confianza
en las instituciones del Estado. 1996,
2000 y 2004 (en porcentajes)**

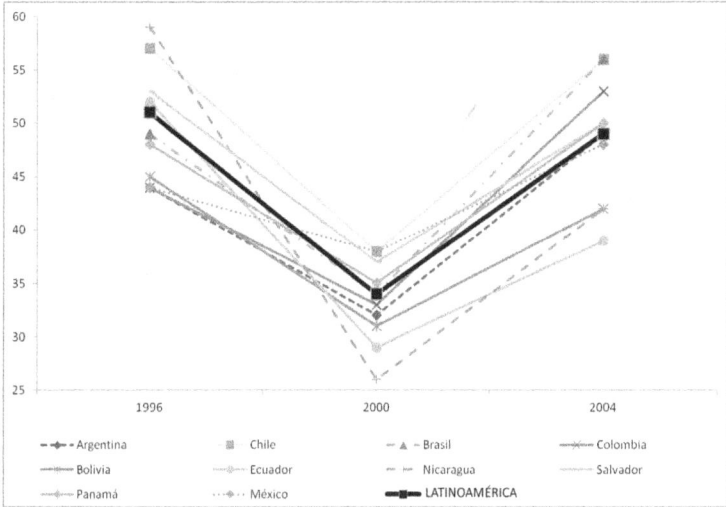

Fuente: elaboración propia sobre la base de los Informes Latinobarómetro 1996-2004.

Se observa claramente que la confianza en las instituciones cae a partir de mediados de los años 1990, momento en el que la población empieza a percibir que los beneficios esperados por la aplicación de las reformas económicas nunca llegan, y que, por el contrario, se produce un deterioro en las condiciones sociales con un aumento en la desigualdad. Alrededor del año 2000, esta confianza llega a su nivel más bajo, y es allí cuando estallan una serie de crisis políticas que revelan las tensiones acumuladas por la falta de resultados en términos de bienestar social, marcando un momento de inflexión para América Latina asociado en varios países con la crisis y el cambio político.

Crisis e inflexión

El término *krisis* viene del griego y significa 'decisión': es el momento decisivo en la evolución de un proceso incierto. Hoy, sin embargo, se lo utiliza para caracterizar el momento en que surge la incertidumbre. En cualquier caso, las crisis generan nuevas condiciones para el despliegue de estrategias audaces y favorables para la acción, ya que llevan a decidir entre diversos comportamientos o estrategias posibles. Es cierto que las crisis pueden llevar a un retorno al *statu quo* previo, pero también traen aparejada la potencialidad del cambio, que puede ser pequeño, o que puede implicar profundas transformaciones en el núcleo de la organización social.

Si bien una crisis es un momento que empuja a tomar decisiones, su resolución no puede ser prefijada y unívoca, pues depende de múltiples factores. Como señala Freund: "La crisis es una situación colectiva caracterizada por contradicciones y rupturas, plena de tensiones y desacuerdos, que hace que individuos y grupos vacilen acerca de la línea de conducta que deben adoptar, porque las reglas y las instituciones ordinarias quedan en suspenso o inclusive algunas veces están desfasadas en relación con las nuevas posibilidades que ofrecen los intereses y las cosas que surgen del cambio, sin que sea posible, sin embargo, pronunciarse claramente sobre la justeza y la eficacia de las nuevas vías".[23]

Desde inicios de este siglo, al menos seis países de América Latina han vivido crisis político-institucionales: Paraguay (2000), Perú (2000), Argentina (2001), Venezuela (2002), Bolivia (2003 y 2005) y Ecuador (2000 y 2005). De estas ocho situaciones de crisis agudas, seis concluyeron con la caída de los respectivos presidentes

---

[23]   Freund (1979: 190).

(Fujimori en Perú, De la Rúa en Argentina, Sánchez de Lozada y Mesa en Bolivia, y Mahuad y Gutiérrez en Ecuador), ya sea porque la legislatura los destituyó o porque renunciaron. Una, con participación militar, culminó con la destitución de Cubas Grau como presidente de Paraguay, e incluyó el asesinato de un vicepresidente; otra fue un golpe de Estado fracasado contra el presidente venezolano Chávez.[24] Más recientemente, se produjeron el golpe militar y la crisis política en Honduras, y la más significativa se dio en Bolivia, en donde, con la victoria electoral del MAS, parece estructurarse un nuevo ciclo histórico.

Cabe mencionar otros casos de crisis políticas que se acercaron a situaciones extremas como las vistas sin llegar a un momento de ruptura. Entre estas circunstancias "límite" habría que incluir la de Nicaragua a fines de 2004 y principios de 2005, y la de Honduras a fines de 2005 (cuando las autoridades electorales demoraron en anunciar al ganador de las elecciones presidenciales).

Evaluadas en conjunto, estas situaciones de crisis agudas y situaciones de riesgo democrático demuestran que la consolidación de las democracias latinoamericanas es un proceso problemático y que su trayectoria no está asegurada. Por otro lado, ponen en evidencia que los proyectos "únicos" y ortodoxos de los años 1980 y 1990 se han agotado y que surgen nuevas demandas por opciones que las reemplacen. Lo que hoy está en cuestión es una redefinición del rol del Estado en la construcción de un nuevo orden social.

Desde hace tiempo sostengo que la región vive un momento de inflexión histórica en cuanto a las reformas estructurales y los contenidos de la democracia y

---

[24] Discusiones más detalladas de estos episodios se encuentran en FLACSO (2004), Valenzuela (2004) y Nolte (2005).

el desarrollo. Esta inflexión se expresa en el plano analítico en un agotamiento en las propuestas de políticas públicas, especialmente las relacionadas con las ideas ortodoxas sobre la economía de mercado y, muy en particular, con la "reificación economicista" del conjunto de los procesos de desarrollo, e incluso de la política. Hoy en día, este tipo de propuestas muestra sus límites y evidencia la necesidad de valorar opciones con perspectivas más amplias y heterodoxas que tengan en cuenta la complejidad de los procesos sociohistóricos particulares y de las culturas políticas preexistentes. En este sentido, es necesario entender que la crisis y la inflexión son, ante todo, socioculturales: el número de crisis que sufrió la región desde principios de este siglo deja en claro que el sistema político no está en condiciones de resolver los problemas político-institucionales, a menos que sea capaz de gestionar los problemas de la sociedad, particularmente aquellos referidos a la equidad, la pobreza y la expansión de una comunidad de ciudadanos.

Hoy, como nunca antes, con la profunda crisis que estalló en los países desarrollados, las reformas liberales impulsadas durante las últimas décadas por los países desarrollados están en duda. El propio gobierno norteamericano y otros países desarrollados han recurrido al "salvataje financiero" más grande de la historia, después de décadas de querer enseñar al mundo que el mercado se regula solo y regula todo. Hoy existe un espacio de mayor autonomía para reconstituir e imaginar nuevas opciones. Este es, más que nunca, el momento para pensar qué tipo de sociedad es posible y cómo se la va a construir, para analizar cuáles son los horizontes y caminos posibles. Es momento de repensar la política, de reconstituir una idea de futuro a partir de la experiencia histórica, de sus culturas y, sobre todo, de las identidades culturales. Hacerlo, sin embargo, supone pensarse de nuevo, no solo en relación con Europa o con Estados Unidos, sino también en relación con los cambios en la tecnoeconomía de la información y en el mundo del conocimiento, en la pluralidad cultural y el multipolarismo que conlleva la nueva fase de la globalización. El nuevo desafío intelectual supone el redescubrimiento de esos "otros" que hoy son cruciales para "nosotros". Sudáfrica, India, China, el Sudeste asiático y los países árabes constituyen referencias y experiencias insoslayables para repensar las identidades culturales y las proyecciones socioeconómicas y políticas latinoamericanas. Si en el pasado América Latina se hizo en relación con el Occidente europeo, hoy los objetivos son a la vez más diversos, más universales y más abiertos.

Tiempo político

La idea moderna de política apela a dos dimensiones: una se refiere al manejo y articulación del tiempo y la otra a la *polis* como espacio simbólico y físico de articulación territorial y social. En cierto sentido, según esta idea, espacio y tiempo son simétricos. En la actualidad, sin embargo, ambas dimensiones se han transformado radicalmente. El espacio, además de encogerse y localizarse, se ha expandido a todo el globo; el tiempo, mientras tanto, se ha acelerado al punto de convertir el devenir en un presente continuo y simultáneo más allá de toda localización.[25] La tarea intelectual es mostrar de manera cabal el nuevo espacio y tiempo global, y entender cómo se lo procesa en términos interculturales.

Históricamente, la sociedad moderna ha combinado momentos de estabilidad con momentos de cambio. Hoy,

---

[25]   Vega (2004).

como consecuencia de los procesos de transformaciones tecnoeconómicas y culturales, se produce una aceleración del tiempo de tal magnitud que se desdibujan las ideas de futuro y progreso. Por lo tanto, las promesas de futuro dejan de funcionar como horizontes de sentido; y en cuanto a las ideas de progreso, se produce una suerte de abandono de la noción de continuidad histórica que afecta a la política e incide en las recurrentes crisis de la democracia.

Pero el orden democrático sigue necesitando un horizonte de modernidad emancipatoria, o al menos una serie de códigos de libertad que dibujen un curso político posible. Por ello, la organización de una nueva temporalidad tendría que aceptar la incertidumbre que supone la aceleración del tiempo y la urgencia de satisfacción de necesidades de diverso tipo. Por supuesto, este es un reto formidable para la vida democrática de los países y las regiones en cambio. En este sentido, la idea de un tiempo político cada vez más complejo resulta indispensable para lograr niveles aceptables de calidad política y para hacer sostenibles las democracias. La pregunta, en otras palabras, es cómo construir un tiempo político que no sea limitado por intereses inmediatos o coyunturales, que viabilice la capacidad integradora de la política. Se trataría, en definitiva, de atreverse a pensar nuevamente la idea de futuro, y a la política en sí como el arte de "lo posible", pero esta vez concibiendo un futuro asociado política y culturalmente con el cambio global. Las otras opciones –como el fin de la historia, donde todo sería inercial, o la más fácil de retornar a paradigmas obsoletos, o la de reinvención de un pasado idealizado– pueden llegar a ser relevantes, pero no parece que vayan a resolver los problemas del cambio moderno.

Para Lechner, la política moderna intenta disminuir la inseguridad, vinculándola a un conjunto de causalidades; en vez de esperar al futuro busca adelantarse a él, creándolo como el resultado de decisiones presentes.[26] En términos de esta perspectiva sobre las situaciones de inflexión, crisis y cambio en la política latinoamericana, se asume que el futuro ya está "inserto" en el presente (no se lo puede descubrir como algo totalmente nuevo e inesperado); es decir, el momento previo a la inflexión o a la crisis la prefigura y, por lo tanto, es imprescindible en este momento elaborar las preguntas sobre los objetivos posibles y deseados.

No obstante, en la mayor parte de los países de la región, reducir la incertidumbre de futuro resulta muy difícil. En estos casos, sería deseable al menos minimizarla, haciéndola aceptable en términos de calidad de la política para poder mantener umbrales mínimos de funcionamiento de la economía y de orden institucional. Claro que, para esto, debe existir algún grado de confianza y consenso entre los actores respecto de niveles mínimos de convivencia democrática y de gestión política del cambio.

Pero ¿cómo se genera confianza en estas situaciones de crisis e incertidumbre, situaciones a veces crónicas? La confianza es una construcción cultural que supone a un otro distinto de uno. Ello presume que uno entrega confianza y con ello también entrega expectativas de reciprocidad. Es decir, se comunica al otro la idea de interdependencia e interacción y de una autorrepresentación de sí mismo con el compromiso de seguir siendo uno mismo en el tiempo. Se trata entonces de una oferta voluntaria: el otro puede aceptar o no las muestras de

---

[26] Buena parte de esta idea del tiempo en la política están inspiradas en la obra de Lechner (1988; 2002).

confianza, pero si las acepta se genera un compromiso, y entonces las acciones futuras del otro también dependerán parcialmente de las expectativas creadas.

Las dificultades que enfrenta el manejo político del tiempo remiten a un desafío todavía mayor: el problema de la conducción política. En la medida en que la política no construya un horizonte de futuro capaz de encauzar la aceleración y diferenciación de la temporalidad, ¿cuál va a ser su capacidad de conducir los procesos socioculturales? La conducción política, por lo tanto, consistiría en brindar mapas que permitan orientarse frente a las encrucijadas y opciones que plantea el cambio global, guiada por valores de emancipación y persiguiendo objetivos de transformación democrática ligados a una institucionalidad legítima, gestionada por actores autónomos que pretenden una sociedad más inclusiva y justa en términos de desarrollo y bienestar social.

La hipótesis es que en esta nueva política se necesita vincular una visión histórica intercultural, "desde adentro", con la complejidad de los cambios a escala global. Ahora, un nuevo proyecto emancipatorio supone una interacción con las ideas y los cambios con otras culturas, ajenas y distintas. Pero ello implica una crítica a nuestra propia historia cultural, que es una cultura limitada, no universal, desarrollada casi únicamente en relación con Europa y Estados Unidos, salvo excepciones, como el caso de Octavio Paz, Jorge Luis Borges o Fernando Fajnzylber, entre algunos otros que lograron ir más allá al crear algo nuevo tomando elementos de esas culturas como referencias, pero tejiéndolas con nuestra propia memoria cultural.

Repensando la política

Da la impresión de que existe en nuestras sociedades un doble código; una lógica prebendalista y patrimonialista en lo político se conjuga con una lógica moderna de competencia y racionalización en lo económico, como si pudiésemos ser, a la vez, compadres y tecnócratas. Paradójicamente, el Estado en América Latina ha tomado iniciativa en relación con algunas de las transformaciones económicas y sociales señaladas, pero él mismo se ha transformado poco y de manera muy lenta respecto de los cambios que ha promovido. En general, tan sólo ha perdido fuerza.

Incluso en los casos más exitosos, como el de Chile o Costa Rica, en los que se han plasmado de forma sostenible procesos de modernización y de generalización de una economía de mercado, los niveles de inequidad social y de concentración económica son mayores a los de los años 1960, a pesar de importantes avances en la lucha contra la extrema pobreza. El Estado, al menos en Chile, recuperó la capacidad de negociación y regulación frente a los sectores modernos y concentrados de la economía, y sin embargo, no logró impulsar procesos de reconversión económica que crearan una relación dinámica entre producción, innovación tecnológica y equidad social.

Con todo, y a pesar de experiencias exitosas en varios países de la región, ningún país logró aquello que muchos soñaron a principios de los años 1980: una modernización asociada con inclusión social a partir de prácticas democráticas más intensas, prácticas que multipliquen los intercambios políticos entre los diferentes actores del desarrollo, prácticas de deliberación entre diferentes acompañadas por procesos de equidad. Cuán lejos estamos de esa comunidad política deseada que reconoce la pluralidad cultural constitutiva de la sociedad, que ve a la justicia como una construcción plural, colectiva y deliberada, y que considera al ciudadano como un ser consciente de sí mismo, capacitado para tomar decisiones junto a otros sobre las orientaciones de la sociedad y el mundo en que vive. Hace más de diez años planteábamos que la mejor forma de potenciar la democracia y el desarrollo era potenciando la capacidad de acción de la sociedad. Hoy la consigna sigue vigente, pero deben reconocerse las nuevas tendencias en curso y, por lo tanto, esa consigna debe redefinirse.

Siguiendo esta idea, presentamos a continuación un panorama de las tendencias económicas y político-institucionales que vive América Latina, y los desafíos que surgen de ellas.

Panorama actual para la región

En el cuadro 2 podemos ver que, en general, todos los países han mejorado sus índices de desarrollo humano, aunque de manera desigual. Prácticamente todos tienen un nivel de desarrollo humano alto, con excepción de Bolivia, donde aún se mantienen niveles de desarrollo medios.

Cuadro 2. Indicadores socioeconómicos

	Indice de desarrollo humano			Pobreza			Indigencia		
	1990	2000	2007	1990	2000	2007/2008	1990	2000	2007/2008
Bolivia*	0,629	0,699	0,729	62,1	60,6	54,0	37,2	36,4	31,2
Brasil	0,710	0,790	0,813	48,0	37,5	25,8	23,4	12,9	7,3
Colombia	0,715	0,772	0,807	56,1	54,9	46,8	26,1	26,8	20,2
Chile	0,795	0,849	0,878	38,6	20,2	13,7	13,0	5,6	3,2
México	0,782	0,825	0,854	47,7	41,1	34,8	18,7	15,2	11,2
Venezuela	0,790	0,802	0,844	39,8	49,4	27,6	14,4	21,7	9,9

Fuente: disponible en línea: http://hdr.undp.org/en/ y CEPAL (2009).

(*) Los datos de pobreza e indigencia corresponden a 1997.

En cambio, como se observa en el cuadro 3, los avances en el ámbito de la igualdad (medidos a través del Coeficiente de Gini) han sido lentos, e incluso en algunos casos, como en México, Colombia o Brasil, los niveles de concentración de ingresos entre los más ricos han aumentado. Si a esto se agrega que el patrón de crecimiento económico experimentado en los últimos años se basó principalmente en la exportación de *commodities*, es posible decir que, a pesar de la disminución general de la pobreza y la indigencia, la región aún no ha logrado una sinergia profunda entre equidad y transformación productiva. Así, independientemente de la vía política seguida por cada país, persistirían los límites crónicos del atraso latinoamericano.

Cuadro 3. Desigualdad y desempleo urbano

	Desigualdad (Coef. de Gini)			Desempleo urbano		
	1990	2000	2007/2008	1990	2000	2007/2008
Bolivia*	0,595	0,586	0,565	7,3	7,5	8,0
Brasil	0,627	0,640	0,594	4,3	7,1	7,9
Colombia	0,531	0,572	0,584	10,5	17,3	11,5
Chile	0,554	0,564	0,522	9,2	9,7	7,8
México	0,536	0,514	0,515	2,7	3,4	4,9
Venezuela	0,471	0,498	0,412	10,4	13,9	7,3

Fuente: CEPAL (2009).

Esta dinámica se ve reflejada en los índices de apoyo a la democracia. Si se examinan los indicadores políticos institucionales recientes, se observa que en estos momentos de inflexión aumenta la legitimidad de la democracia, con porcentajes muy positivos en términos de apoyo a la democracia para casi todos los países, con excepción de México, que bajó del 59% en el 2005 al 42% en 2009. Y sin embargo, al mirar los índices de satisfacción con la democracia, el panorama es distinto: si bien aumentaron los índices de manera notoria para casi todos los países, con excepción de México y Venezuela, los valores exhibidos son marcadamente inferiores.

Respecto a la aprobación de los gobiernos, según los datos del *Latinobarómetro*, todos tendrían importantes niveles de aprobación, salvo Venezuela, que sólo alcanza un 45%. Con todo, mirando estos datos en conjunto, da la impresión de que se han producido significativos avances en la valoración de la democracia, tanto en el plano de su legitimidad como de su desempeño. Sin embargo, dada la dificultad para avanzar en términos de equidad, este logro democrático no está garantizado.

Cuadro 4. Indicadores político-institucionales

	Apoyo a la democracia		Satisfacción con la democracia		Aprobación del actual gobierno
	2005	2009	1999/2000	2009	
Bolivia	49	71	22	50	57
Brasil	37	55	18	47	84
Colombia	46	50	27	42	72
Chile	59	59	35	53	85
México	59	42	37	28	52
Venezuela	76	84	55	47	45

Fuente: *Informe Latinobarómetro* (2005; 2009).

Es posible concluir que la inflexión puede ser considerada como un momento político propicio para avanzar tanto en el plano de la democracia como en el del desarrollo. De hecho, eso es lo que experimentó la mayoría de los países estudiados. Parece que la consistencia y persistencia de proyectos de mediano y largo plazo en condiciones económicas favorables han permitido avances importantes en ambos sentidos. Los casos de Chile y Brasil constituyen al respecto referencias importantes. En el otro extremo está la situación mexicana, en donde un proyecto de modernización conservadora, ya de larga data, no ha logrado establecer pisos institucionales y políticos estables que faciliten el desarrollo de sus sociedades o al menos de los principales indicadores del desarrollo. Aunque todavía no es fácil pronunciarse sobre las causas de una dinámica fecunda entre democracia y desarrollo, es factible pensar que la permanencia y consistencia política e institucional garantizan mejores condiciones para un cambio fecundo.

Sin duda, la situación de crisis e inflexión histórica que vive la región supone una serie de transformaciones que conecten la velocidad de los cambios sociales con los cambios político-institucionales. La importancia estratégica de lo institucional para mejorar la gobernabilidad democrática en América Latina cobra un sentido crucial en estos momentos, ya que las instituciones constituyen el espacio común fundamental entre actores sociales y políticos, muy a menudo opuestos, desconfiados y fragmentados. Actuar institucionalmente alimenta el comportamiento democrático y facilita la elaboración y el éxito de las políticas públicas. Es por ello que, entre la gran variedad de problemas y desafíos que implican la inflexión y que ahora pasamos a analizar, los desafíos político-institucionales resultan fundamentales en el desarrollo futuro de la democracia en la región.

1. Problemas político-institucionales

1.1 Crisis y riesgos político-institucionales

Desde principios de siglo, más del 30% de las democracias latinoamericanas experimentaron crisis político-institucionales agudas que afectaron las instituciones centrales del régimen, esto es, la presidencia y la legislatura. Estas situaciones de crisis y los riesgos político-institucionales que han venido experimentando buena parte de los países latinoamericanos problematizan la evolución democrática, modifican el perfil político de la región y plantean nuevas formas de vinculación entre instituciones y sociedad.

Un dato clave que incide en la relación entre instituciones y sociedad está dado por las expectativas insatisfechas de la población que, combinadas con instituciones públicas frágiles y situaciones económicas precarias, pueden desencadenar en situaciones de ingobernabilidad como las que mencionamos anteriormente.[27] Los problemas político-institucionales son

---

[27]   González (2006) presenta un análisis en el que demuestra empíricamente la relación entre las fragilidades institucionales (índice de efectividad

uno de los principales desafíos que enfrenta la región y están asociados a los límites de los sistemas de representación y a una desconfianza institucional generalizada, particularmente hacia los partidos políticos y los sistemas de intermediación. La consigna en Argentina "que se vayan todos", la crisis de octubre de 2003 en Bolivia y las demandas de "los Forajidos" en Ecuador, son ejemplos que ilustran el desencanto generalizado con la política y con los partidos políticos en la región.

En algunos países, la crisis de representación se complejiza por las manifestaciones multiculturales, especialmente las de los denominados "pueblos originarios", dada la histórica incapacidad de los sistemas institucionales para representarlos. Las demandas de participación y cambio por parte de los pueblos originarios recorren gran parte de América Latina y están modificando de forma significativa el sistema político, sobre todo en Bolivia, Ecuador, Perú y Guatemala.

Se verifica también en muchos de los países de la región la persistencia de límites institucionales a la participación femenina. La desigualdad de género es producto de un conjunto de desigualdades culturales y políticas que se refuerzan mutuamente y condicionan el acceso de las mujeres a derechos de propiedad, riqueza y educación, limitando su ingreso a los mercados laborales o generando diferencias salariales,[28] y que, en general,

---

judicial-legal) y las expectativas insatisfechas (crecimiento del PIB per cápita 1975-2003), comprobando una asociación moderada pero significativa entre las dos variables. Los siete países que experimentaron crisis políticas agudas muestran registros negativos en ambas variables; mientras los tres países "consolidados" (Chile, Costa Rica y Uruguay) están en el extremo opuesto.

[28] *Informe Latinobarómetro 2006.* En materia de género, persisten importantes diferencias salariales entre varones y mujeres para la misma cantidad de años de estudios aprobados. En promedio, las mujeres ganan aproximadamente 80% del salario de los varones. En Colombia y Argentina se observa la menor distancia entre salarios: las mujeres

limitan su ingreso a las esferas de poder. A pesar de los avances registrados por las mujeres en materia de políticas públicas y participación política, aún existen importantes límites de los actores político-institucionales para procesar los cambios y las demandas en función de la equidad de género. Se desarrollará este tema en otro capítulo; por ahora digamos que esto afecta negativamente la calidad de la democracia y la gobernabilidad democrática.

Por último, parece haber una profundización de las divisiones territoriales, pues se generan nuevos conflictos y oposiciones entre lo global, lo local y lo nacional. Este fenómeno se observa con claridad en Bolivia entre el altiplano y las tierras bajas, cuyas elites mencionan a los factores regionales como uno de los componentes centrales del cambio democrático; pero en muchos otros países se aprecian tensiones regionales que se expresan políticamente en conflictos entre el Estado central y las provincias, como en Argentina, Brasil o México. Hay, pues, en este plano tensiones por un nuevo orden institucional emergente.

Estos son sólo algunos de los problemas institucionales que sufre la región y que surgen de la dificultad que enfrentan los partidos políticos para escuchar y procesar las demandas de la población. Estas demandas apuntan a una reforma del Estado que constituye otro de los desafíos fundamentales en la región.

1.2 Tendencias y demandas político-institucionales

Se ha instalado en el espacio político una demanda, por una parte, de mayor participación del Estado en la gestión del desarrollo y en la expansión de la

---

ganan el 89,2 y el 86,6% del salario masculino, respectivamente. Por el contrario, los países más desiguales son Bolivia y Brasil, en donde la relación entre salarios es inferior al 77%.

institucionalidad democrática, y por otra, de mayor control ciudadano sobre el poder público. Estas demandas que se manifiestan en la región de alguna manera anticipan las que en el mismo sentido surgen con la actual crisis del capitalismo a nivel global. Desde comienzos de siglo, buena parte de la población de América Latina aboga por una nueva relación entre el Estado y la economía, en la que el Estado genere integración social y equidad, pero que a la vez potencie la economía en el marco de la globalización. De acuerdo con el *Informe Latinobarómetro 2005*, en promedio, sólo el 31% de los latinoamericanos entrevistados consideraba que las privatizaciones habían sido provechosas. Asimismo, en el *Informe Latinobarómetro 2006*, se indagó sobre la responsabilidad en la producción de riqueza. Para tal efecto se utilizó una escala de 1 a 10, en la que "1 = el Estado tiene que producir la riqueza" y "10 = los privados tienen que producir la riqueza". En el resultado se advierte un grado de estatismo medianamente alto entre los latinoamericanos, ya que el índice promedio de la región fue 4.1. Y en general, estudios nacionales impulsados por el PAPEP rescatan la idea de reforzar las capacidades del Estado para fortalecer la gobernabilidad democrática.[29]

Asimismo, se observan demandas de mayor coordinación entre la ciudadanía y el Estado, a partir de la incorporación de mecanismos de mayor participación y de la consolidación de instituciones estatales, con sentido público y de unidad estatal (estatalidad). Destaca aquí la gestión y coordinación estatal y, sobre todo, la cuestión de la rendición de cuentas (*accountability*) referida a la transparencia, la información y los mecanismos de control ciudadano de las políticas públicas.

---

[29] PNUD-PAPEP (2009).

Finalmente, las demandas de transparencia, autonomía e institucionalidad del poder judicial constituyen otro punto de referencia importante para la población.

Estas demandas de mayor participación estatal apuntan a distintos ámbitos pero surgen todas de un deseo de mayor igualdad. Queda claro que los problemas de desigualdad y pobreza se ubican en el centro de las preocupaciones e inciden fuertemente en la gestación de nuevas opciones políticas y en la misma calidad democrática de los países de la región. Enfrentar la diferenciación social es quizás el principal desafío de la región.

2. Problemas de desigualdad y pobreza

2.1 Tendencias en relación con los problemas de desigualdad y pobreza

En la mayoría de los países de América Latina, las brechas socioeconómicas han persistido o aumentado. En la mayor parte de ellos creció la participación del 20% más rico de la población en los ingresos de las personas, mientras que la del 20% más pobre se mantuvo constante o disminuyó.[30]

---

[30] Entre 1990 y 2005 en algunos países disminuyó el coeficiente de Gini (Uruguay, México, Guatemala, Colombia, Honduras y Brasil), en otros países se mantuvo invariable (Chile, Nicaragua y Panamá), y en otros, aumentó (Argentina, Bolivia y Ecuador). Más aun, en 2005 solamente Uruguay puede incluirse entre los países con baja desigualdad y gran parte de los países de la región posee niveles de desigualdad altos o muy altos (Brasil, la Argentina y Honduras). Ver CEPAL (2007).

Cuadro 5. América Latina: concentración del ingreso de las personas, 1990 y 2005 (en porcentajes). (Países seleccionados*).

País	20% más pobre de la población			20% más rico de la población		
	1990	2005	Var	1990	2005	Var
Argentina+	4,1	3,5	-0,6	54,9	57,2	2,3
Bolivia	1,3	1,5	0,2	61,2	64,4	3,2
Brasil	2,1	2,4	0,3	66,8	65,5	-1,3
Chile	3,5	3,7	0,2	60,6	60,4	-0,2
Colombia	3,7	2,9	-0,8	57,8	63,0	5,2
Ecuador+	4,8	3,8	-1,0	51,9	56,3	4,4
Guatemala++	2,7	3,7	1,0	62,7	59,3	-3,4
Honduras	2,4	2,4	0,0	65,7	62,4	-3,3
México	3,9	3,7	-0,2	58,7	57,6	-1,1
Nicaragua	2,1	2,5	0,4	61,3	61,7	0,4
Panamá	2,8	2,5	-0,3	60,0	58,2	-1,8
Perú+++	3,0	3,8	0,8	57,9	55,2	-2,7
Uruguay+	5,1	4,8	-0,3	51,9	50,7	-1,2

Fuente: elaboración propia sobre la base de datos de CEPAL (2007).

(*) Criterio de selección: se tomaron los países que integran el PAPEP (Argentina, Bolivia, Ecuador, Honduras, Nicaragua, Panamá, Perú y Uruguay) y otros que se consideraron como pertinentes para referencia y comparación.

(+) Zonas urbanas. (++) Datos corresponden a 1990 y 2002. (+++) Datos corresponden a 1997 y 2003.

La diferenciación social también se advierte en las considerables discrepancias en la proporción de indigentes entre países, hecho que genera impactos significativos en materia de gobernabilidad: en Bolivia, Guatemala, Honduras y Nicaragua, la indigencia afecta a más del 30% de la población total, mientras que en el otro extremo se ubican Chile, Costa Rica y Uruguay, cuyos niveles de indigencia son inferiores al 10%.[31]

Sumada a esta brecha creciente, las disparidades se acentúan por género y origen. En materia de género, como ya se mencionó, persisten importantes diferencias salariales para la misma cantidad de años de estudios aprobados entre varones y mujeres. Esta brecha salarial puede generar efectos aun más negativos producto del incremento de la cantidad de mujeres jefas de hogar, que ha llegado a que en más del 80% de los hogares monoparentales de la región la jefa de hogar sea una mujer.[32]

En cuanto al origen, podemos ver que la brecha se acentúa: en 2005, el 39,8% de los latinoamericanos se encontraba por debajo de la línea de pobreza, pero al considerar exclusivamente las zonas rurales, donde suelen predominar poblaciones indígenas, este porcentaje crecía hasta el 58,8%.

Por último, como señalan Buvinic y Roza (2004), el género y el origen interactúan entre sí, generando un grado de exclusión social aun mayor. En consecuencia, por ejemplo, los niveles educativos de las mujeres indígenas son mucho menores que los de las mujeres no indígenas: más del 50% de las niñas indígenas de Bolivia y Guatemala han abandonado el colegio a los 14 años;[33] y en Bolivia, Perú y Guatemala, las mujeres indígenas tienen mayores

---

[31] *Ibíd.*
[32] *Ibíd.*
[33] Arias y Duryea (2003).

probabilidades de obtener empleos de baja remuneración, generalmente en el sector informal.[34]

2.2 Subjetividad de la desigualdad y pobreza

Hay que tener en cuenta que, más allá de los datos objetivos, la relación entre democratización y desigualdad social también está fuertemente asociada con la subjetividad de las personas, ligada a la frustración de expectativas por parte de una población más educada y al comportamiento limitado de las elites. Ya hemos hablado de la frustración de expectativas en el capítulo pasado, pero no está de más repetirlo, ya que este fenómeno probablemente constituya una de las principales fuentes de conflicto en la región y, por lo tanto, otro de los desafíos fundamentales.

La frustración de expectativas se vincula con los serios problemas de desigualdad y pobreza combinados con el incremento de los niveles de educación y acceso a los medios de comunicación nuevos y tradicionales. Esta situación genera sociedades más expuestas al consumo cultural y con mayor educación, pero sin los recursos para satisfacer las demandas que tal exposición provoca. En este contexto, los ciudadanos ya no se satisfacen con las ofertas políticas (percibidas como no cumplidas) ni con las opciones de una prometedora economía de mercado; sino que en cambio, ellos tienden a ser cada vez más realistas, críticos e informados, manejando una visión más clara de su autonomía y libertad de acción.

3. Las debilidades culturales de las elites

Otro desafío de la región está asociado con el comportamiento limitado de las elites para ejercer un liderazgo social y político, lo que incide en su bajo perfil institucional

---

[34]   Duryea y Genoni (2004).

en la mayoría de los países. Esta situación es histórica y tiene varios niveles de aproximación.

Por una parte, la percepción de las elites de América Latina y algunas otras de los países desarrollados que miran la región son de especial relevancia para los problemas de la democracia y el desarrollo. En las entrevistas realizadas por el PAPEP a 206 líderes empresariales, políticos y sociales existe un consenso generalizado respecto a que tanto los problemas de pobreza como los de institucionalidad constituyen los principales desafíos de la democracia en la región. Así, según esta misma fuente: 1) alrededor del 50% de las elites de Argentina, Brasil y México considera que la pobreza y la inequidad son las causas recurrentes de los problemas de la democracia en la región; 2) la mayoría de las elites europeas entrevistadas cree que el principal problema de América Latina es la mala distribución del ingreso y la pobreza estructural; 3) las elites de Estados Unidos se encuentran divididas, ya que el 47% cree que el principal desafío de América Latina son las falencias institucionales, mientras que el 44% sitúa en primer lugar a la pobreza y la desigualdad.[35] La cuestión es saber cómo actúan las mismas elites frente a los problemas por ellas detectados.

A pesar de la preocupación de las elites respecto a la desigualdad, predomina en la opinión pública una visión negativa sobre su comportamiento. En el *Informe Latinobarómetro 2006* se señala que más del 66% de los latinoamericanos considera que los países son gobernados por unos pocos grupos poderosos que sólo buscan su beneficio personal. En Ecuador, Nicaragua, Panamá y Guatemala, particularmente, menos del 20% de sus habitantes cree que se gobierna para beneficiar a toda la población. En Argentina, mientras tanto, la percepción de las elites está

---

[35]   Observatorio Regional PAPEP (2006; 2007).

aun más distanciada de la percepción de los ciudadanos, ya que allí las elites muestran cierta renuencia a priorizar la lucha contra la pobreza.[36] De cualquier modo, sin dudas, existe una distancia enorme entre elites y sociedad respecto a quién corresponden las responsabilidades ante los problemas que vive la región.

Pareciera que ciertos comportamientos históricos de las elites, como la débil cultura institucional, la falta de austeridad y solidaridad y la escasa articulación entre fines y medios, persisten en la región y explican las percepciones de la opinión pública sobre ellas. Sin embargo, ha habido algunos cambios en el patrón de comportamiento de las elites y/o han surgido nuevas elites con orientaciones culturales diferentes referidas a temas tecnoinformacionales, con nuevos valores socioambientales, como los de calidad de vida, valorización de los recursos humanos o la reconstitución de valores tradicionales como la familia, la escuela y la religión.[37]

4. El poder central de los medios de comunicación

Por último, es necesario destacar el papel que juegan hoy los medios de comunicación. Éstos, sean los tradicionales o las nuevas redes electrónicas, son cada vez más importantes para entender las agendas de poder y cambio político, al punto que la democracia y su gobernabilidad no puede ser entendida por fuera de estos espacios de comunicación. La comunicación es una compleja estructura de poder donde confluyen la globalización del mercado

---

[36] Las mayores discrepancias se observan entre los empresarios, ya que sólo el 17% de ellos considera que la pobreza es el principal problema del país, mientras que el 30,2% de los argentinos encuestados mencionó el desempleo y la pobreza como los dos aspectos que más deben mejorar en el país. Ronda de consultas y encuesta de opinión pública realizadas en el marco del PAPEP en 2005.

[37] Contreras (2009).

y la industria cultural, con los periodistas, los publicistas y los actores mediáticos, los procesos de concentración y ampliación de los medios y la conformación y desarrollo de una opinión pública. Todo ello viene conformando una "democracia de lo público" donde los encuentros y las distancias entre política y sociedad tienen lugar. Todos los nuevos liderazgos en América Latina se vienen construyendo mediáticamente, con independencia de las orientaciones ideológicas.

En este marco, un fenómeno de especial relevancia es la nueva mediatización de la política por los medios de comunicación horizontal, especialmente por los grupos en Internet y las cadenas de celulares. La arena de expresión o representación de la política es cada día más mediática y reproduce las desigualdades y racionalidades mencionadas, pues los medios de comunicación son los espacios donde actualmente se expresa el poder.

En América Latina, la televisión y la radio se encuentran entre las instituciones más confiables: el 69 y 64% de los consultados, respectivamente, afirman confiar en ellas. Es en particular notable la importancia de la televisión como el medio de información más utilizado: en 2006, el 83% de los latinoamericanos vieron las noticias en la televisión.[38] Asimismo, en rondas de consultas realizadas a 231 líderes de América Latina, el 65% identificó a los medios de comunicación como uno de los principales poderes fácticos de la región.[39] En Ecuador, durante "la Rebelión de los Forajidos" (abril de 2005), miles de familias, convocadas por correo electrónico y telefonía celular, ocuparon las calles de Quito llevando a la renuncia del presidente Lucio Gutiérrez.

Estos datos y hechos son sólo algunos ejemplos de un fenómeno que ya debería estar claro: hoy en día, los

---

[38]   *Informe Latinobarómetro 2006.*
[39]   PNUD-PRODAL (2004).

espacios mediáticos inciden fuertemente sobre la dinámica de los sistemas de representación política y condicionan la legitimidad institucional en la región.

Hemos visto que cada país ha evolucionado de manera diferente y enfrenta, por lo tanto, distintos desafíos. Al mismo tiempo, como es de esperarse, las respuestas que cada gobierno y fuerza política ensayan para enfrentarlos a veces coinciden y otras se distancian, como si pertenecieran a otra realidad. Por supuesto, es imposible abarcarlas a todas; sin embargo, sin perseguir esa intención, en el capítulo que sigue intentaremos plantear un panorama que, por lo menos, nos acerque a la compleja realidad que vive América Latina.

Capítulo III
Orientaciones políticas en la inflexión

En primer lugar, quiero enfatizar aquí la capacidad integradora de la política, su potencial para generar espacios en donde distintos actores intercambien argumentos y propuestas, logren acuerdos, o aclaren públicamente diferencias para mejorar la calidad de la democracia. Por supuesto, este intercambio sólo puede tener lugar dentro de marcos institucionales legítimos que incluyan el mutuo reconocimiento de identidades, intereses y proyectos que pueden redefinirse en la confrontación entre adversarios políticos. Por ello, según este enfoque, en el campo político debería expresarse la diversidad social, cultural y económica de los distintos actores, pues es ese el lugar en el que el Estado y los partidos tienen la responsabilidad de propiciar una dinámica política de interacción pluralista en la sociedad.

Partimos del siguiente supuesto: la renovación de la política es una condición fundamental para la expansión de la ciudadanía y el fortalecimiento de una democracia crecientemente deliberativa. Creemos que es posible generar nuevos espacios donde se construyan acuerdos que acerquen las diversas lógicas e identidades para plantear soluciones a los distintos problemas de la sociedad. Sin duda, se tratará de espacios no exentos de conflictos, pero es precisamente ese el lugar en el que deben procesarse estos conflictos para lograr consensos en torno a las prioridades que posee la sociedad.

La inflexión, como hace años sugirió Medina Echavarría para otro momento de cambio de época, supone dos interrogantes: uno referido a los soportes de la nueva conformación social que está reemplazando

84 TIEMPOS DE CAMBIO

a la anterior y que ésta ya portaba en su vientre, y otro,
dirigido a la toma de conciencia de un futuro distinto.[40]

Ante la crisis, los cambios y los desafíos de los que
venimos hablando, en nuestra región aparecen o reaparecen planteamientos políticos con distintos antecedentes
"paradigmáticos", que esbozan respuestas e intereses
diferenciados sobre opciones de sociedad y que funcionan e interactúan de distinta manera de acuerdo al
país de que se trate. Por motivos analíticos, resulta útil
agruparlos en una tipología que describe cuatro grandes
orientaciones.[41]

La primera orientación es la *modernización conservadora*. Se trata de una orientación que organiza una
propuesta a partir de una combinación de secularización económica y valores católicos tradicionales. Estos
valores, en pocas palabras, se asocian con la idea de que
el motor del desarrollo anida en la economía social de
mercado. Así, esta oferta tiene como núcleo una relación
restrictiva entre Estado y mercado, y un pensamiento

---

[40] Cardoso, Faletto, Graciarena, Gurrieri, Prebisch y Wolfe (1982).

[41] Cabe aclarar que aquí se usa como recurso metodológico una "tipología
construida" sobre la base del análisis de discursos y programas políticos
y que una tipología es siempre artificial, pues es una reducción de una
realidad compleja. Sin embargo, esto no quita que sea un instrumento
que permite sistematizar esa realidad compleja para comprenderla
mejor. En cada país pueden observarse rasgos de las distintas categorías
clasificatorias y puede predominar una sobre las otras, o combinarse,
o aun "degenerar" en su cara "oscura", donde una orientación deviene
más en un resultado negativo o frustrado –por ejemplo, en puro tradicionalismo conservador– antes que en modernización conservadora;
en un pragmatismo sin reformas serias que reconstituya un poder tecnocrático, o en un radicalismo que sólo busca movilidad social en vez
de metas liberadoras a nivel nacional o de comunitarismo indígena. En
definitiva, se trata simplemente de una manera de organizar el análisis
para detectar cuáles son las perspectivas y propuestas en curso. Este
análisis ha sido sometido a "prueba" a través de una serie de encuentros
y discusiones con analistas del PAPEP y académicos de la región. Para
un análisis de este tipo de metodologías, ver MacKinney (1968).

conservador que impulsa una modernización del sistema de partidos y el reforzamiento de la autoridad
en base a un orden moral asociado a la expansión del
mercado. Ideológicamente se asocia con las políticas
conservadoras de Estados Unidos y se la puede encontrar sobre todo en los gobiernos de México y Colombia,
pero también constituye una fuerza política relevante
en otros países de la región. El caso de la Coalición por
el Cambio en Chile, que trataremos más adelante, es
un buen ejemplo de la fortaleza de esta opción (allí, el
candidato conservador Piñera triunfó de manera ajustada
en segunda vuelta el 17 de enero de 2010), y al mismo
tiempo muestra con claridad hasta qué punto pueden
coexistir distintas orientaciones dentro de cada país.[42]

Una segunda orientación es la *nacional-popular*. De
gran peso en la tradición histórica de la región, suele presentar líderes carismáticos legitimados por la democracia que promueven fuertes movilizaciones de masas y un
Estado que organiza el desarrollo y la democracia a partir
de la búsqueda de la hegemonía política para lograr una
mayor autonomía nacional. El sujeto del cambio aquí es
el pueblo, identificado con la nación y con el líder, por lo
que se privilegia la redistribución por sobre la producción
para lograr mayores niveles de inclusión social, siguiendo
una impronta ideológica fuertemente antiimperialista.
Este sería de forma típica el caso de Venezuela, Ecuador y
Nicaragua, pero también –en menor medida– está presente
en México, Argentina y Brasil, entre otros países.[43]

Luego, una tercera orientación es la del *reformismo
pragmático*, en la cual las fuerzas de centroizquierda
buscan articular crecimiento económico con un acceso
negociado a la globalización, incorporando políticas de

---

[42]   Para un análisis sobre el tema, ver Contreras (2009) y Gallegos (2008).
[43]   Natanson (2009).

inclusión social dentro de un orden laico y un sistema de partidos moderno. En esta oferta se construyen alianzas y se busca una relación pragmática con Estados Unidos. Las experiencias más notables son la chilena, la brasileña y la uruguaya; la Argentina, mientras tanto, sería una combinación entre esta orientación y la nacional popular.[44] Aquí han emergido expresiones muy particulares, como el "Lulismo" en Brasil, un fenómeno político que combina liderazgos carismáticos y estabilidad económica con distribución social.[45]

Finalmente, una cuarta categoría está dada por la orientación hacia un *neodesarrollismo indigenista*, que retoma tanto orientaciones nacionales-populares como reformistas, y que busca una participación política ampliada con la inclusión de movimientos sociales e indígenas fuertes. El caso boliviano es paradigmático, pero estas tendencias también están presentes en otros países, como Perú, Ecuador, Guatemala y México. Es importante entender que esta orientación no se dirige sólo al plano de la reivindicación étnica; lo central aquí es que la reivindicación de lo indígena interpela la reivindicación de "lo otro", del distinto, del no reconocido. En el fondo, estarían en juego las jerarquías sociales y el fin del neocolonialismo a partir de una ampliación democrática. Aquí también el liderazgo político de Evo Morales, su peso mediático y su presencia política en alterglobalización, le dan un carácter particular a la experiencia boliviana.

Es necesario mencionar que todas estas orientaciones tienen su "lado oscuro". Por ejemplo, el mayor riesgo que enfrenta la última orientación es la de un reduccionismo etnocéntrico, que puede llevar a una lógica fundamentalista y cerrada. Por su parte, el reformismo pragmático corre el

---

44   PNUD (2009).
45   Ver Singer (2009).

riesgo de ser sólo pragmático y no incluir reformas ni avances sociales importantes. La modernización conservadora puede ser sólo un motivo para mantener privilegios, mientras que la nacional popular puede decaer en un "estatismo clientelar", sin producir resultados en integración social ni desarrollo incluyente. En definitiva, todas estas orientaciones corren el riesgo de ser absorbidas por una lógica instrumental de poder, que puede llevar a los gobiernos a cerrarse en sí mismos, anclarse en un pensamiento único y no acompañar los cambios que viven hoy las sociedades en la región. La cuestión aquí es si estas orientaciones son viables frente a los problemas nacionales y los cambios globales que hemos analizado. El asunto sigue siendo que el desarrollo de una autonomía de la sociedad sobre sí misma y su propia capacidad para reproducir una sociedad democrática no es un camino sin atajos.

Los momentos de la inflexión

Como hemos dicho, la inflexión se refiere a un momento de cambio en el que confluyen tendencias de una conformación que se agota con otra que se inicia, a una convivencia de tiempos políticos pretéritos y futuros. De alguna manera, en la inflexión el futuro expresa el horizonte de posibilidades de los ciclos históricos que se inician. Pero la inflexión no tiene un sólo camino, ni es un continuo político. La inflexión es incierta y puede asumir formas variadas. Con ello en mente, a continuación se plantea un panorama de diferentes momentos de inflexión en varios países de la región (más adelante se tratarán los países andinos meridionales), que muestran la variedad de las conformaciones y prácticas nacionales vinculadas en este caso, principalmente, a la orientación del reformismo pragmático.

Brasil: pragmatismo negociador y actor global

La victoria del Partido de los Trabajadores (PT) en tres elecciones presidenciales consecutivas muestra claramente las características principales del reformismo pragmático, del que Lula es un buen ejemplo. Esos triunfos son inseparables del modo en que el ex presidente logró combinar su liderazgo popular con la confianza de los segmentos más fuertes y decisivos del capitalismo brasileño y mundial (en una encuesta realizada por el PAPEP en toda la región, un impresionante 83% de los estudiosos consultados en Brasil consideró a Lula un presidente "fuerte"[46]). En definitiva, lo que Lula logró fue conjugar una visión práctica que aspira a complementar capital, trabajo, mejoras sociales e incremento en el consumo, con un posicionamiento estratégico de Brasil en la globalización. Sobre este último punto (el posicionamiento estratégico de Brasil) y el paso de la "posta" de Lula a Dilma Rousseff se ha especulado bastante; sin embargo, Brasil se ha caracterizado por tener una política exterior de Estado y no tanto de gobierno, y si bien es posible que se eche de menos el carisma de Lula en los espacios multilaterales, es dable pensar que la política brasileña no sufrirá ningún gran revés por cambios coyunturales en la figura presidencial, y que ella seguirá enfocada en el fortalecimiento nacional, de Brasil en la globalización y de las organizaciones regionales como el MERCOSUR y la Organización de Estados Americanos (OEA) en la construcción de un mundo multipolar y jugando al equilibrio entre la no intervención en conflictos de terceros países, pero tampoco la indiferencia.

Aun habiendo pasado la presidencia de Lula a Rousseff, el reformismo pragmático, con rasgos

---

[46]   PAPEP-PNUD-REBLAC (2009).

nacional-populares, sigue constituyendo el rasgo distintivo del Brasil actual, que persiste en la búsqueda de combinar estabilidad con crecimiento económico (cabe decir que con bastante éxito: el 63% de los consultados afirma que la situación económica del país es buena[47]) como principal recurso para continuar con las políticas sociales de reducción de la pobreza, incremento de la participación ciudadana y posicionamiento de Brasil a escala global. Ahora bien, la cuestión central está en ver, más allá de los notables avances que ha experimentado el país tanto en el plano social como en el económico, si este reformismo generará logros en la equidad, en la institucionalidad democrática y en la integración ciudadana, logros que le permitan superar aquello que fue distintivo del país durante buena parte del siglo XX: crecimiento económico concentrador asociado con fuertes desigualdades sociales y pobreza. Más allá de las buenas noticias, vale la pena recordar que en Brasil hay más de sesenta millones de pobres.

Según Nogueira, el éxito de Lula fue el resultado de un triple proceso: la disposición gubernamental para implementar políticas de distribución de la riqueza, sumada a una firme inflexión del PT hacia el centro y, a la vez, la fragilidad de las fuerzas opositoras, lideradas por el Partido de la Social Democracia Brasileña (PSDB). La segunda victoria electoral le dio al presidente las condiciones necesarias para articular una amplia base de apoyo político, tanto con los gobernadores de Estado como en el Congreso Nacional. Con ello como base, se buscó construir una alianza entre sectores populares, clase media, Estado y empresarios.[48]

Sin embargo, a pesar del consenso logrado entre los distintos actores, en el escenario brasileño los principales

---

[47]   *Ibíd.*
[48]   Nogueira (2009). Ver también Fleury (2007).

partidos políticos perdieron peso o se diluyeron. A pesar de lo reñidas que fueron las elecciones de 2010, el PT permanece como el principal articulador en el interior del Congreso y se ha mantenido como el promotor de la agenda pública. Como afirma Nogueira, si bien los partidos políticos se mantienen como actores importantes del sistema, no logran consensos nacionales fuertes por sí mismos; sigue existiendo una distancia entre la compleja dinámica nacional, regional y global, y los límites del sistema de partidos para procesarla. De este modo, se está generando una articulación fecunda entre liderazgo, Estado y sociedad que deja relativamente de lado al sistema de partidos. "En el formato actual –argumenta Nogueira–, los partidos ya no logran hacer frente a la complejidad nacional, ni se muestran capaces de actuar con determinación reformadora y disposición para organizar la sociedad".[49]

Argentina: del colapso institucional a la búsqueda de una renovada reconstrucción política

El colapso institucional argentino de 2001 está asociado con el fin de un ciclo de acumulación económica y con un pacto social restringido que se desarrollaron, aunque con antecedentes en los años 1970, principalmente en la década de 1990. Después de la crisis, la sociedad fue la fuerza que recompuso la cohesión social y posibilitó una lenta y accidentada reconstitución de un orden democrático que aún no concluye.[50]

---

[49]   Nogueira (2009: 59).
[50]   Ver Palomino y Pastrana (2003). Para un análisis de los impactos socioeconómicos y políticos de la crisis de 2001, ver PNUD Argentina (2002).

Como ha señalado Cheresky, el país ha recuperado y superado los índices de producción de 1998, y los índices sociales han mejorado, aunque más lentamente.[51] Fue la relativa rehabilitación de la credibilidad política y de la eficacia del Estado experimentada en los últimos años la que ha posibilitado esta recuperación económica.

Sin embargo, a partir de 2001 se instaló una distancia entre los ciudadanos y la representación política en general, y esto hoy parece muy difícil de cambiar. Está así pendiente la redefinición de las fuerzas políticas. En este sentido, ocurre algo similar al caso brasileño y, en definitiva, similar a la mayoría de los países de la región, cada uno con sus particularidades: "Los lazos de representación estarán ahora más basados en la atracción de liderazgos que en la conformación de identidades colectivas muy constituidas". Este fenómeno se relaciona directamente con el de una mayor autonomía de la sociedad sobre la lógica partidaria o clientelar: "Se observa la emergencia de una ciudadanía autónoma, que se desarrolla en su vida pública alimentada más por la búsqueda de información que por la participación".[52]

Después de la crisis de 2001, la consulta electoral de 2003, pese a su fragilidad, fue el punto de partida para la inflexión. A partir de allí, la acción presidencial constituyó un verdadero modelo de salida de la crisis que prevaleció exitosamente durante los primeros años, gracias a la desvinculación del presidente de sus sostenes organizacionales. La política de derechos humanos, acompañada de una reivindicación de los movimientos de derechos humanos (en particular los de las Madres y Abuelas de Plaza de Mayo), tuvo un fuerte impacto en la ciudadanía. Asimismo, la renovación de la Corte

---

[51]   Esta sección ha sido inspirada en Cheresky (2009).
[52]   *Ibíd.*, p. 17.

Suprema (institución que había sido completamente pervertida en la década anterior con la llamada "mayoría automática" que había construido el ex presidente Carlos Menem), fue un elemento clave de fortalecimiento institucional. Sumado a esto, en el plano económico se llevó adelante una política de sostén de un tipo de cambio alto, de austeridad, que favoreció el aprovechamiento de las condiciones que ofrece desde hace unos años el mercado internacional, llevando al país a notables tasas de crecimiento del orden del 9% anual. Así, tras la reestructuración de la deuda pública, el país experimentó un extraordinario alivio en su situación de pagos. Es interesante remarcar aquí que, detrás de esta política económica, se mostraba un sentido político que consistía en que si las pérdidas de la caída de la economía nacional no alcanzaban a todos, por lo menos no recaerían, como suele suceder, sobre los asalariados y ahorristas de los bancos locales.

Pero, como dijimos, la recuperación de la autoridad política presidencial no estaba acompañada por la recuperación del prestigio del conjunto de los representantes ni de las instituciones públicas en general. E incluso, el modo mismo de gobernar del presidente era poco atento a la construcción institucional.

Las elecciones legislativas del 23 de octubre de 2005, primer traspié electoral del gobierno, marcaron otro punto de inflexión o el inicio de una nueva etapa, ya no sólo en la gestión de este gobierno, sino también en la definición del formato democrático en que se estabilizaría el país. En este marco, se percibe un malestar ciudadano respecto al modo de ejercicio del poder, que se ha canalizado en el rechazo a las reelecciones de los gobernadores y que encontró instrumentos de expresión electoral más allá del debilitamiento de los partidos.

[...] en la actualidad, la ciudadanía argentina es crecientemente autónoma, crítica de las instituciones y dirigentes existentes, pero mayoritariamente imbuida de expectativas democráticas e interesada en los asuntos públicos. En algún sentido, comparada con la de un pasado no muy lejano, nos hallamos ante una nueva ciudadanía con una nueva relación con la política y la vida pública, y todo diseño institucional futuro debería tomar en cuenta esa circunstancia.[53]

Si bien la gran mayoría de los argentinos considera necesarios a los partidos políticos, al mismo tiempo, parece no reconocerse en una identidad partidaria. Quienes los reconocen o aceptan constituyen una minoría, frente a una abrumadora mayoría que piensa que los partidos deben experimentar reformas o mejoras. Por una parte, existe desconfianza y descalificación, en particular hacia el Congreso, la Magistratura y los liderazgos políticos; pero, por otra parte, confrontados con la opción de recurrir a las instituciones representativas y judiciales, la gran mayoría se pronuncia afirmativamente.

En la actualidad, luego del fallecimiento del ex presidente Kirchner, y asociado a un crecimiento económico muy importante y un aumento de la popularidad de la presidenta Cristina Fernández, es muy probable que el proyecto neoperonista se reafirme y pueda prepararse al menos para un nuevo período.

Pero los escenarios también están vinculados con las formas que puede tomar la democracia en Argentina; es decir, con la capacidad política e institucional de procesar los conflictos del sistema político y la capacidad de acumular legitimidad por parte del Estado. Sin duda, la conformación de una oposición política con capacidad de actuar y de gobernar constituye un factor fundamental a la hora de pensar un ciclo conflictivo pero estable del orden democrático en el país.

---

[53]   *Ibíd.*, p. 30.

Uruguay: una suave inflexión[54]

El ciclo 2005-2009 inauguró el primer gobierno de izquierda tras un siglo signado por administraciones de los partidos tradicionales. Con el acceso del Frente Amplio (FA) al gobierno, llega el deseo de imprimir un sello de "cambio" a la administración, poniendo varios proyectos de reforma en juego, entre ellos: salud pública, sistema educativo, Fuerzas Armadas, reforma del Estado y tributaria.

La llegada de la izquierda al gobierno marca sin dudas un punto de inflexión, una oportunidad "para la búsqueda de un debate público que ponga en común nuestras distintas visiones y perspectivas sobre el país";[55] y se produce tras un largo proceso iniciado con el fin de la dictadura militar en 1984. A partir de ese momento, las lealtades partidarias clásicas fueron reubicadas, "los partidos tradicionales apostaron a la supervivencia de sus lealtades de base, mientras la izquierda lo hacía a su propio crecimiento a través de la renovación generacional y de la captura de un electorado fluctuante, desencantado con el desempeño de los partidos históricos".[56] Claramente, visto desde hoy, la izquierda tuvo una fuerza de transmisión generacional muy superior al resto.

Si en los casos de Brasil y Argentina mencionamos la distancia que separa a los partidos políticos de la sociedad, el caso uruguayo es distinto: allí, las particularidades de la democracia lo diferencian de manera fuerte del resto de la región: "Dos factores hacen a la longevidad, precocidad y estabilidad de la democracia uruguaya. El primero refiere a la temprana institucionalización de un sistema de

---

[54]   Este acápite está basado en Moreira (2009). Ver también el *Informe de Desarrollo Humano Uruguay 2008.*
[55]   Moreira (2009: 82).
[56]   *Ibíd.,* p. 86.

competencia política bajo un formato bipartidista. El segundo factor refiere a la cultura política de los uruguayos".[57]

Actualmente, con la reciente crisis electoral del Partido Colorado y la llegada de la izquierda al gobierno, es difícil saber hacia qué tipo de sistema partidario evolucionará Uruguay. Sin embargo, la institucionalidad del sistema partidario aparece como uno de los puntos fuertes de la democracia uruguaya, que fue, en definitiva, uno de los pocos países de la región capaces de consolidar una cultura democrática. Esto explica "la supervivencia y penetración de los partidos políticos, el fracaso de las diversas fórmulas corporativas y populistas que ensayaron sus vecinos del Cono Sur en la segunda ola democrática, y el formato de transición escogido para salir de la dictadura".[58]

El triunfo del FA en las elecciones de 2004 inició una "coyuntura crítica" que genera distintos escenarios factibles, entre los cuales debe destacarse la posible evolución del sistema partidario hacia un nuevo bipartidismo o un multipartidismo moderado con diferenciación ideológica, la evolución hacia un sistema en el que predomine la lógica gobierno-oposición, y por último, la evolución hacia la creación de un espacio para concertaciones más corporativas entre actores de la sociedad civil y el Estado.

Hoy en día, las perspectivas económicas de Uruguay en el corto plazo son relativamente auspiciosas, pero subsisten importantes desacuerdos en varias áreas de la política económica. Una de ellas es la relativa a las privatizaciones: "La posibilidad de celebrar 'acuerdos importantes' en esta área osciló entre el 9,9% y el 16,1%".[59] Por el contrario, en las políticas sociales parece haber mayores posibilidades de llegar a algún acuerdo: "En especial, en lo referente a la

---

[57]   *Ibíd.*, p. 83.
[58]   *Ibíd.*, p. 85.
[59]   *Ibíd.*, p. 106.

agenda 'humanitaria' de los derechos sociales y el combate a la pobreza. Reformas sociales en sectores específicos –jubilaciones, salud, educación– que movilizan intereses diversos y contradictorios, no evidencian un consenso tan extendido".[60]

Con el triunfo del ex tupamaro José "Pepe" Mujica, el FA consiguió su segundo triunfo consecutivo, por lo que se espera que se siga la línea de reformas graduales iniciadas por su predecesor, Tabaré Vázquez. Todo parece indicar que el Frente ha consolidado su legitimidad política y un nuevo ciclo histórico de modernización y desarrollo se instaló en el país, manteniéndose empero importantes niveles de conflictos y demandas sociales y políticas que pueden impactar de un modo negativo en la estabilidad política. Con todo, más allá del gobierno de turno, en Uruguay se destaca, quizá más que en cualquier otro país de la región, la existencia del consenso sobre la democracia, la capacidad de ésta para procesar conflictos y la importancia de las instituciones políticas.

Chile: del reformismo práctico a la modernización conservadora

Durante sus veinte años de gobierno, la Concertación aplicó las reformas estructurales de manera gradual y heterodoxa. Ellas fueron definidas como resultado de una serie de negociaciones políticas que le dieron al Estado y a la transición chilena las bases para una transformación productiva que insertó al país en la economía global a partir de una importante modernización de su economía y, muy en particular, de su sector de exportaciones, que de forma creciente se fue ampliando e incorporando a la

---

[60]   *Ibíd.*, p. 110.

tecnoeconomía de la información. El salmón exportado pasó a ser "salmón informacional".

En el plano social, si bien las desigualdades sociales disminuyeron muy poco y, en cambio, aumentaron los procesos de concentración del ingreso, sobre todo para los sectores más altos, la novedad radicó en una disminución acelerada de los niveles de pobreza, que pasó del 47 al 11% en diecisiete años de gobierno.[61]

El reformismo pragmático chileno, iniciado intelectualmente en los años 1980, impulsó desde la política y el Estado una formidable transformación productiva y social que, a la vez que producía una economía y una sociedad de mercado, impulsó políticas sociales que lograron importantes niveles de inclusión social, mejorando en varios planos la calidad de vida de la sociedad chilena. Este "modelo", sustentado en una filosofía del pacto, supuso una compleja matriz de negociaciones, que partiendo de acuerdos en el seno de los mismos partidos y líderes de la concertación, se expandía a los diversos actores y sectores sociales, económicos y políticos. En pocas palabras, se puede decir que en Chile triunfó una tercera vía de carácter socialdemócrata dirigida por una elite política que en buena medida se remonta a una generación "dura": a la "juventud rebelde de los sesenta".[62]

---

[61] Ottone (2007).

[62] La generación de 1960 fue una generación propia de los sectores medios, que experimentó una vida dramática a partir de un conjunto de orientaciones culturales básicas que giraron en torno a valores de "comunidad" y "sacrificio social". Se trató de una generación que conjugaba valores cristianos con un imaginario político de los rebeldes cubanos, las revoluciones latinoamericanas y mundiales en marcha y el Mayo francés. Su crítica al capitalismo y el fracaso de los populismos de la posguerra la llevó a plantear políticas radicales de cambio. La juventud era entendida como una fuerza política renovadora de los partidos y vanguardia de obreros y campesinos. En suma, se combinaba una "ética del sacrificio y de fines últimos" con una "ética cerrada de poder". Tales

Pero no todo son rosas: este formidable proceso de modernización no estuvo acompañado con cambios plenamente asumidos en el plano subjetivo, por lo que la modernización trajo también malestar. Chile, de acuerdo con el *Informe de Desarrollo Humano de Chile 1998*, presentaba una paradoja: en el país "tiene lugar una impresionante modernización de la vida social que crea nuevas y mayores oportunidades al mismo tiempo que crecen la inseguridad y la incertidumbre".[63] Sí, las instituciones de la democracia se consolidaron, pero la participación electoral tendió a bajar, sobre todo entre los jóvenes. Esto ocurrió en gran medida porque no hubo ni un recambio generacional ni planteamientos creativos de ofertas de futuro sobre el nuevo ciclo histórico que empezaba a vivir una sociedad más consumista y a la vez más autónoma, poliárquica y, muy a menudo, indiferente a los proyectos colectivos compartidos.[64] Probablemente la aceleración y complejización de los procesos de modernización y los cambios culturales experimentados explican en buena medida las paradojas de la reciente victoria electoral de un proyecto de modernización conservadora. Se decía que la Concertación "unida" jamás sería vencida. La Concertación perdió.

Tras veinte años, ha cedido el poder a la Coalición por el Cambio de Piñera. Pero buena parte de lo construido por la Concertación en esos cuatro lustros habrá de ser mantenido. Es poco probable un giro radical, y es más

---

valores se alimentaron de una serie de "experiencias duras": el triunfo y la derrota de la Unidad Popular, la represión y el exilio durante la dictadura de Pinochet, el desarrollo de una suerte de "cosmopolitanismo local". Estuvo en todas partes del mundo pero nunca perdió fuerza su espíritu nacional, el retorno y la derrota de la dictadura. La construcción –primero intelectual– de la Concertación y el logro de un gobierno exitoso constituyen la historia de una elite dirigente consistente con una vocación pragmática del poder.

63   PNUD Chile (1998: 210).
64   Márquez y Moreno (2007).

dable pensar que la modernización conservadora seguirá el rumbo más o menos delineado. De hecho, hasta el momento Piñera ofreció una visión centrista del cambio, incluyendo un énfasis en asuntos sociales aunque no una visión más constructiva de las identidades chilenas.

Y es que el equilibrio de poder que ha caracterizado a la política chilena durante los últimos veinte años muy probablemente seguirá caracterizando el mandato de Piñera, quedando espacio para pocos cambios, graduales y negociados. Pero más allá de eso, el recambio deja dos grandes datos: el primero, que los clivajes ideológicos tradicionales se van disolviendo; el segundo, quizá más importante, que hoy los ciudadanos son más autónomos y críticos y han diversificado sus simpatías o antipatías políticas. El ciclo de Piñera probablemente seguirá el ciclo largo promovido por la Concertación, empero es muy posible que en las nuevas condiciones políticas e ideológicas la sociedad por fin vuelva a manifestarse.

Panamá: cómo vincular un desarrollo incluyente con una institucionalidad democrática estable[65]

Desde sus orígenes en 1903, Panamá ha buscado constituirse como un país autónomo y estable. El sistema político se conformó básicamente por dos fuerzas: el movimiento nacional popular Torrijista, iniciado por Omar Torrijos, denominado Partido Revolucionario Democrático (PRD), de tendencia socialdemócrata, y el Arnulfismo, denominado Partido Panameñista (PP), más conservador, fundado por Arnulfo Arias. A lo largo de la historia del país, estas dos fuerzas se enfrentaron en torno a las pugnas sobre el

---

[65] Esta sección toma como textos de referencia principal a PNUD (2008) y Ortuño (2009).

canal y al proceso revolucionario iniciado en 1968. Luego, en las últimas décadas, se pudo reconstruir un sistema institucional, experimentar una alternancia en el poder y abrir el sistema político a otras fuerzas. Se lograron también consensos para la recuperación del canal.

En pocas palabras, se puede decir que en Panamá hubo importantes avances institucionales con la estabilización de un régimen político abierto, pero que, por otro lado, se generaron significativas protestas que exhibían las frustraciones en relación con la pobreza, la desigualdad y la imagen de corrupción de las elites políticas.

Todas estas tensiones están consustanciadas con el papel del canal en la democracia y el desarrollo panameño. El Canal de Panamá es una cuestión estratégica para la evolución de la democracia y del desarrollo en el país, y a la vez, un signo de su historia. Los más importantes momentos y procesos de cambio han estado asociados él, por lo que el Canal debe ser mirado no como un mero enclave comercial o financiero, sino como un verdadero *ethos* cultural y político que afecta la vida y las opciones de los panameños. Lo que haga Panamá con el Canal está indisolublemente ligado con la configuración política venidera; su futuro está asociado con las condiciones para el desarrollo panameño y viceversa: el futuro del desarrollo y de la democracia misma están vinculadas con su uso.

La renovación del Canal fue consagrada popularmente mediante un referéndum en octubre de 2006. Aquí la cuestión clave no es el crecimiento económico que el proyecto supone, sino su distribución en la sociedad y cómo ésta puede afectar a un desarrollo económico que sea socialmente sostenible. Como afirma Ortuño:

> Observando el peso de las exportaciones en su dinámica económica, se concluye que Panamá es una de las economías más globalizadas del continente, posibilitado esto por el sector servicios. Junto a este sector fuertemente productivo

e integrado en la economía mundial, hay otros sectores, agrícolas y de industria manufacturera, orientados esencialmente hacia el mercado interno, con sensibles problemas de productividad y de competitividad, y que hasta mediados de la década de los 90 eran beneficiarios de importantes protecciones por parte del Estado. Esta dualidad institucional era bastante llamativa hasta los inicios de la liberalización comercial de mediados de los 90: coexistían en Panamá un sector desregulado relacionado con las actividades de servicios de la "zona de tránsito" junto con varios otros sectores con regulaciones inspiradas en las políticas de sustitución de importaciones.[66]

En definitiva, Panamá no es un país particularmente pobre, sino un país particularmente desigual. Se observa la persistencia de niveles de pobreza y de desigualdad que no deberían corresponder con el nivel de PIB per cápita que en la actualidad exhibe el país. Esto ocurre porque existe una barrera estructural que hace difícil que el país reduzca la pobreza a menos del 30% de la población y que disminuya la desocupación con rapidez. Esta barrera tiene que ver con una estructura económica que no resuelve su dualidad y con la presencia de núcleos duros de concentración de pobreza estructural. El fenómeno de "las dos Panamá" sería así el principal desafío a enfrentar.

En este sentido, resulta claro que el crecimiento económico no va a asegurar por sí mismo una respuesta al desafío de la desigualdad: es perfectamente posible que Panamá crezca y se modernice, y que al mismo tiempo se profundice este problema. La pregunta que se plantea entonces es: ¿cuáles deberían ser las características de un modelo de desarrollo que permita reducir la desigualdad y, de esta manera, consolidar la democracia? Parece claro que resulta fundamental asociar una mejor

---

[66] Ortuño (2009: 298).

distribución de la riqueza y una actividad económica más diversificada con prácticas y con un consenso institucional creciente y concertado.

El Salvador: de la modernización conservadora al reformismo pragmático[67]

El país logró salir de una larga guerra civil a través de un pacto político democrático realizado en 1992, que posibilitó el paso de un sistema político de corte autoritario a un régimen democrático. Sin embargo, eso no significó un profundo cambio en el sistema político de toma de decisiones, ya que los principales partidos de la escena política de hoy son los mismos que produjeron los acuerdos.

En materia económica, el panorama es diferente: el país ha dado un salto hacia una significativa modernización económica. Sus inversiones han migrado principalmente hacia los sectores financieros, el comercio y los servicios, y la exportación de productos primarios agrícolas ya no es más la actividad del empresariado más influyente de El Salvador. Sin embargo, la pobreza sigue afectando de manera crítica a la población del área rural, los niveles de inversión social son bajos comparados a otros países de la región y el déficit fiscal no le ha permitido enfrentar con seriedad este problema.[68]

El Salvador participó del proceso de integración empresarial centroamericana siguiendo la línea de reformas económicas planteadas por el Consenso de Washington.

---

[67] Este texto está basado en un estudio preliminar de Loayza (2008). El *Informe Nacional de Desarrollo Humano de Panamá 2007-2008* plantea un exhaustivo panorama socioeconómico del país.

[68] Banco Mundial (2004).

Y, como en tantos otros países, este proceso generó la modernización de los poderes económicos y empresariales tradicionales, pero al mismo tiempo, produjo una mayor concentración de la riqueza.

La modernización económica se combinó con la persistencia de prácticas políticas tradicionales en el principal partido de la derecha, Arena, y en el de la izquierda, Frente Martí de Liberación Nacional (FMLN), aunque con resultados distintos. Un estudio preliminar describía el proceso que siguieron estos partidos: "En este tiempo se ha producido un proceso gradual pero sostenido en el caudal electoral del partido opositor, FMLN, que por primera vez se ubica como posible ganador de las próximas elecciones presidenciales 2009. Mientras en el partido Arena hoy día parecería primar la incertidumbre, poco consenso entre sus actores y consecuentemente también poca claridad y hasta un cierto desorden de criterios respecto a los objetivos y estrategias futuras".[69]

La coyuntura favorable a la victoria del FMLN se debió principalmente a la figura de su candidato, Mauricio Funes, y a los cambios percibidos en las propuestas de programa de gobierno que estaba desarrollando el partido. Los entrevistados por el PAPEP apuntan que en el programa de gobierno del Frente "se apuesta por lo que se ha dado en llamar un 'cambio seguro', que se define como un cambio gradual en el que todos los actores económicos, políticos y la sociedad civil encuentren un espacio de participación a través de reformas graduales y sobre todo esfuerzos de concertación". En él se maneja la idea de que "el partido necesita acercarse a la gente y entender que la población salvadoreña siente también que su país ha avanzado en

---

[69]   Loayza (2008: 21).

muchos aspectos en la última década y media y que no quiere retornar al pasado de guerra y confrontación violenta".[70]

De acuerdo a la tesis de Ruiz, la victoria del FMLN fue posible gracias a cuatro factores: las correcciones en la práctica política; las correcciones en el programa político; el tipo de candidato (externo al partido), y por último, la política de alianzas (con sectores de la derecha liberal, con sectores de las Fuerzas Armadas y con sectores de la empresa privada).[71] Cabe agregar que la división en el partido Arena y en la derecha en general también contribuyó a la victoria del FMLN.

La victoria del FMLN marca un camino inverso al del caso chileno: de la modernización conservadora se pasa al reformismo pragmático. Actualmente se percibe una pérdida de iniciativa de parte del FMLN. El partido Arena, mientras tanto, desde el primer día de la nueva gestión comenzó una acción de desgaste para desestabilizar al gobierno. "Se trata de una actitud ambigua que por un lado plantea que serán una oposición vigilante, constructiva; pero por otro impulsan una estrategia de desgaste contra la administración Funes encaminada a la desestabilización institucional, incluyendo un escenario similar al de Honduras, aduciendo un vacío de gobernabilidad. [...] Hay que tomar además en cuenta que el liderazgo político de Funes surge de lo mediático, por lo que en la medida que él abandona su presencia pública también va creando en la población una orfandad".[72]

El futuro es incierto. Según revela una encuesta del Instituto Universitario de Opinión Pública (IUDOP) de la Universidad Centroamericana José Simeón Cañas (UCA), el gobierno de Mauricio Funes obtuvo una nota de 7.16

---

[70]   *Ibíd.*
[71]   Ruiz (2009).
[72]   *Ibíd.*, pp. 11-12.

por su desempeño hasta el año 2009, siendo la eliminación de las cuotas hospitalarias y los programas Comunidades Solidarias y de vivienda los aspectos más positivos del actual gobierno. En cambio, el combate a la delincuencia constituye el punto más negativo.[73]

Corolario. Los argumentos de la inflexión y la emergencia de sociedades policéntricas

La idea de inflexión en la región está asociada, por una parte, a una serie de hechos políticos ocurridos a partir del año 2000, como las diferentes crisis políticas, el desarrollo de nuevos movimientos, la emergencia de variados actores y líderes políticos de izquierda en la región y el agotamiento de varios proyectos políticos iniciados en décadas anteriores. Por otra parte, se vincula con una serie de conceptos y tendencias que de alguna manera nos sirvieron como "mapas" o "lentes" de navegación en un tiempo de confusión muy grande en el que todo tendía a una polarización intelectual muy fuerte guiada por una lógica "amigo-enemigo".

Como ya se mencionó, la idea de inflexión, crisis y cambio está asociada con el fin de un ciclo y el comienzo de otro. Pero ¿qué es lo que se agota y qué es lo que emerge en la región? Y más aun: ¿qué capacidad tienen los países para empezar a resolver los problemas estructurales del desarrollo y la democracia? Estas son las preguntas que trato de responder aquí.

El balance sobre reformas y realidades realizado por PNUD-PRODDAL en el *Informe sobre el Estado de la democracia en América Latina* mostraba un índice alto de legitimidad de la democracia electoral y, sobre todo, un

---

[73]   *Ibíd.*

importante desajuste entre la aplicación de las reformas y el incumplimiento casi total de sus metas. Balances negativos en productividad, equidad y pobreza, con excepciones importantes, por cierto, pero con saldos desfavorables para el conjunto de la región. Después, el año 2000 fue un punto de inflexión en la transición a la democracia y en las políticas de reforma estructural.

En un nivel más conceptual, la idea que organizó nuestra reflexión giró en torno a dos temas: primero, a la tensión entre una transformación compleja de la sociedad asociada a los procesos de globalización y a la debilidad de los partidos políticos y de la política en general para procesar esa transformación; y segundo, a la persistencia en la región de un doble saldo histórico-estructural que inhibe la emancipación societal: por un lado, la debilidad de una transformación productiva con equidad social y, por otro, la debilidad de un régimen democrático que vincule a la política con la diversidad sociocultural.

Estas ideas se originaron en discusiones con Manuel Castells y en un texto que trabajamos con Norbert Lechner, muy cerca por cierto de las tesis sociológicas que indicaban una distancia creciente entre racionalidad instrumental y subjetividad como rasgo central del cambio global. Para Touraine, por ejemplo, la existencia de procesos de despolitización y crisis del Estado-nación es el resultado de una fragmentación entre un mundo simbólico y otro instrumental, entre cultura y economía, fragmentación que incide para que la política pierda fuerza y significado como fundadora de un orden social. La crisis de confianza y los límites de la representación aumentaron en la medida que las sociedades se complejizaban y que los partidos perdían diferenciación, llevando a cabo sus acciones bajo una lógica instrumental, de "realismo cortoplacista", o con una visón restringida de "lo público", en donde, por ejemplo, la publicidad asociada con las encuestas y la fuerza de un líder carismático organizaban las pautas de acción política. En definitiva, parece que se perdió la idea de futuro en un contexto en el que el mundo se mueve rápidamente y la incertidumbre es un rasgo político central.

En los hechos, en veinte años de reformas relacionadas con la globalización se introdujeron cambios en las sociedades latinoamericanas que la política no pudo procesar, por lo que empezó a desconectarse de la vida cotidiana. Los cambios estarían vinculados a los límites de un patrón cultural de consumo, a una acelerada y compleja diferenciación social y funcional, y a la emergencia de un "policentrismo societal".

En primer lugar, el patrón de consumo se liga con el dinamismo de la tecnoeconomía de la información, con el rol central del capital financiero global y del mercado cultural, y con una reificación ideológica del mercado como organizador del desarrollo. Todos estos procesos afectaron a la política y a la vida cotidiana. Como señala Beck, se habría expandido una sociedad de riesgo global que sigue un patrón de desarrollo consumista que no puede controlar las consecuencias de lo que produce, pero que actúa como si fuese posible hacerlo. "Incertidumbre fabricada", lo llaman Beck y Giddens. Se trata, en definitiva, de las consecuencias producidas pero no controladas por el desarrollo de la globalización y la sociedad red. Allí estaría el germen de la inflexión y de la actual crisis global.

En segundo lugar, hemos hablado en el primer capítulo de la diferenciación social y la funcional. Dijimos que la primera se refiere a cambios en la estructura social que implican un crecimiento de las distancias sociales en sentido vertical y horizontal, y al mismo tiempo, una complejización de la exclusión social en la que no sólo la pobreza se hace más densa y diversa, sino que también se recomponen los niveles y dinámicas de concentración de riquezas. La diferenciación funcional, por su parte, se relaciona con subsistemas relativamente autónomos que funcionan como campos autorreferidos. Existiría una suerte de sociedad organizada por subsistemas, por lo que la realidad social se rige no sólo por una racionalidad, sino también por múltiples racionalidades culturales. Las ciudades y la urbanización son un buen ejemplo, pues sus espacios están cada vez más conectados electrónicamente pero más desarticulados en términos sociales.

Finalmente, el policentrismo social se produce por la convergencia entre ambas diferenciaciones. La idea de un sujeto histórico, clase o pueblo, tan fuertes en la historia de América Latina, se descompone en una pluralidad de actores que los partidos políticos no logran representar. Los conflictos se fragmentan y se expresan en múltiples campos; a veces se redibujan en fantasmas del pasado. Se multiplican los actores y además se debilitan o, en el mejor de los casos, se integran institucionalmente a la vida política. Como se verá más adelante, los actores o movimientos culturales centrados en el reconocimiento de identidades empiezan a pesar más en el escenario político.

Si a esto se añaden las mutaciones que trae la globalización en el tiempo y en el espacio, queda claro el redimensionamiento de los planos en los que la política actúa. Ésta ya no opera sólo en el espacio nacional, sino además en escalas nacional-global-local. A su vez, se desarrolla con el dinamismo comunicativo un actor difuso: la opinión pública mediática. La revolución tecnoinformacional ha acelerado el tiempo, cambiando la vida cotidiana y generando variaciones profundas en el corto plazo. El futuro mismo se está redefiniendo en lo cotidiano. Las metas son prácticas y sobre todo locales. En este contexto, como veremos en el capítulo en el que tratamos los nuevos movimientos sociales, los jóvenes estarían construyendo demandas por una nueva politicidad basada no en identidades cerradas y grandes relatos, sino en un repertorio caleidoscópico de identidades culturales múltiples y en constante mutación. Ello genera que los movimientos más activos se relacionen con demandas de mayor libertad cultural, de sensibilidad a las cuestiones estéticas, a la cuestión medioambiental en un mundo globalizado y al reconocimiento de sexualidades alternativas. Las metas son prácticas y sobre todo locales. Lo individual y lo colectivo se refuerzan mutuamente.

Todas estas mutaciones, por supuesto, afectan a la política, crean desconfianza e incertidumbre, y afectan a la calidad democrática en cuanto a la capacidad de los actores para gestionar el cambio y plantear opciones de futuro. En este contexto, a la sociedad misma le cuesta autorrepresentarse y ser representada en la arena institucional. No es que no exista representación institucional, o que los partidos políticos no sean claves para organizar el orden democrático, sino que en estas condiciones a la sociedad le resulta difícil hacerse una imagen de sí misma. De alguna manera, la especificidad de estas sociedades policéntricas no consiste solamente en la variedad de sus evoluciones o en las incertidumbres de la diferenciación sociocultural y el conflicto, sino en la capacidad que tiene la sociedad para autorreproducirse y cambiar al mismo tiempo. Este es un rasgo típico de la crisis de la Modernidad.

Hay dos temas que parecen ser centrales en la reflexión. De un lado, la relación Estado-sociedad y la redefinición de lo público; del otro, la emergencia de nuevas demandas y prácticas políticas ciudadanas. Hoy la ciudadanía se expande y redefine en nuevos ámbitos, entonces: ¿cómo redefinir la ciudadanía en sociedades con rasgos policéntricos?

El ciudadano cambia y se vuelve más activo y reflexivo, la gente necesita evaluar opciones y resultados y sabe que puede cambiar de elección. En algún sentido se podría decir que es más libre. Retomando la tesis de antidemocracia de Rosanvallon, podemos decir que ha emergido una suerte de "anticiudadano". Pero claro, persiste, con más fuerza en unos lugares que en otros, la clásica relación clientelar Estado-sociedad ya que, en definitiva, todas nuestras sociedades policéntricas mantienen rasgos fuertes de una cultura política populista.

Para finalizar, deseo plantear algunas ideas sobre los efectos de la crisis global en la dinámica policéntrica de estas sociedades y en la calidad de nuestra democracia, y cuestionar cómo afecta ésta a los fenómenos que venimos analizando. Antes que nada, como se sabe, de manera reciente se experimentó un duro ajuste en torno a los desequilibrios macroeconómicos globales que se acumularon prácticamente desde que se inició el ciclo de la economía global. Este ajuste fue provocado por el carácter especulativo de un mercado financiero que funcionó con escasos controles y regulaciones. La crisis del sector más globalizado de la economía provocó y provoca una crisis de la economía real global con importantes consecuencias para las dimensiones sociales del desarrollo y la política. Es tan intensa esta crisis global que sus consecuencias pueden hacer que las propias sociedades cuestionen los fundamentos de una "modernización globalizadora" sin inclusión social. Es decir, el malestar con la globalización se puede traducir en un malestar con la política. Esto es algo que ya está pasando en varios países desarrollados.

Se registran importantes novedades y cambios políticos de diverso signo que están modificando el escenario general. Por ejemplo, un nuevo liderazgo mediático en Estados Unidos asociado con el uso horizontal de las tecnologías de la información. Otros: la reconstitución del multilateralismo, el nuevo estatus de China y de Asia en la economía global, y en general, el creciente peso de las economías emergentes que ya constituyen el 40% del producto mundial. Esto se traduce en nuevos reclamos en su estatus político internacional, como ocurre en el caso de Brasil.

La región, como dijimos, está relativamente mejor situada para enfrentar esta crisis que en el pasado, aunque con fuertes diferencias internas. Hay una relativa estabilidad institucional, se han acumulado reservas y se ha adquirido una cierta cultura fiscal, se han logrado avances en algunos casos significativos en la disminución de la pobreza y el Estado empezó a tener un rol protagónico en la gestión de nuestra propia crisis de principios de la década.

Sin embargo, el patrón de desarrollo centrado en la exportación de productos básicos no ha cambiado significativamente. Nuestra inserción en la tecnoeconomía de la información y en la sociedad del conocimiento aún es muy limitada como para asegurar las condiciones sociales de la misma democracia. Y si bien hay avances notables en la gestión estatal, todavía no hay un Estado adecuado para enfrentar los cambios en curso. Aún falta un Estado que sea políticamente legítimo, competente en la gestión y que, al mismo tiempo, trabaje de un modo cooperativo con la sociedad. Este es un tema pendiente para la política.

Desde un punto de vista más teórico, el carácter de la crisis suscita una serie de consideraciones sociológicas importantes: ¿se trata de una crisis de crecimiento o es más bien una crisis estructural del patrón de funcionamiento de la economía y la sociedad global? La tesis más fuerte sostiene que, con la crisis, se ha expandido la denominada "sociedad de riesgo", una sociedad que limita cada vez más las capacidades de reproducción del actual patrón de crecimiento, basado en un consumo desproporcionado y en el uso abusivo y discriminado de energías no renovables. Aquí, lo que estaría en juego son las posibilidades de transformación del modo de vida prevaleciente, sobre todo en las sociedades más desarrolladas. El gran problema es que estos cambios y estas necesidades no pueden ser gestionados por la política.

Para concluir, vale la pena mencionar que si bien la región está viviendo el final de un momento de inflexión e inicia un nuevo ciclo con nuevos problemas y ofertas, aún no se sabe si estas propuestas u orientaciones lograrán resolver los problemas crónicos de la región. De cualquier manera, una cuestión continúa pendiente en América Latina: cómo la sociedad y sus actores podrán producir un proyecto societal emancipatorio, es decir, una comunidad de ciudadanos, una práctica, o mejor aun, una agencia que vincule el cambio político con la trasformación social, en la cual los partidos representen y promuevan el cambio social, y la sociedad misma sea capaz de dotarse de actores autónomos que intercambien opciones con los partidos y construyan un renovado sistema de acción histórica. En el corazón de esta temática subyace un tema: la persistencia y combinación en el imaginario social de una serie de culturas políticas de desigualdad.

Capítulo IV
Culturas políticas de desigualdad

La cultura política es el conjunto de ideas, sentimientos, valores, información, actitudes y capacidades políticas que se manifiestan en la práctica política de los ciudadanos, grupos, líderes y comunidades, así como en su memoria histórica, en los modos en que elaboran las dinámicas políticas, sociales, culturales y económicas de su país, y en los significados que dan a la vida pública.[74] Una vía para estudiarla consiste en analizar las disposiciones de las personas y los grupos sociales hacia el sistema político, los procesos políticos y las políticas concretas: según cuál sea el grado de disposición hacia estos tres elementos de la política nacional será el nivel de legitimidad de los gobiernos y regímenes políticos existentes.

En el *Informe Latinobarómetro 2006* se observa que aunque el 55% de los latinoamericanos consideraba entonces que no podía existir democracia sin partidos políticos, sólo el 22% confiaba en ellos. Estas tendencias se han mantenido, aunque se viene registrando un aumento en la región del porcentaje de personas que considera que sin partidos políticos no puede haber democracia. Según datos del *Informe Latinobarómetro 2010*, este porcentaje llegaba al 59% en 2010. Las encuestas de opinión pública y las entrevistas a las elites realizadas en Argentina entre octubre de 2005 y septiembre de 2006 en el marco del PAPEP se suman a esta tendencia: aproximadamente el 95% de los entrevistados pensaba entonces que los partidos políticos eran necesarios, pero gran parte de ese porcentaje (cerca del 68%) sostenía que debían realizar reformas y acercarse a la gente; al mismo tiempo, dos de cada tres personas

---

[74] Esta definición retoma las ideas de Almond y Powell (1972), Bobbio y Mateucci (1985) y Touraine (1997).

afirmaron que su confianza en los líderes políticos había disminuido con respecto al pasado.[75] En Bolivia, a su vez, la mayoría de las elites consideraba, a inicios de 2007, que los principales problemas del país eran de índole política, y las encuestas de opinión pública señalaban que los partidos políticos eran las instituciones con peor imagen pública: el 66% de los encuestados poseía una imagen negativa de ellos.[76] Esta tendencia no ha cambiado en los últimos cuatro años.[77] Según datos del año 2005, en Honduras el 62% de la población creía que los políticos hondureños de entonces no defendían la democracia, y dos de cada tres hondureños no se sentían representados por los diputados que ellos mismos habían elegido.[78] En este mismo orden de ideas, entre el 2004 y el 2010, menos de la mitad de los hondureños (el 40%) percibía que desde la presidencia se promovían y protegían los valores democráticos.[79] Si bien este fenómeno es algo generalizado en la democracia actual en todas partes del mundo, tiene connotaciones particulares en nuestra región.

Los datos en América Latina dejan en claro que existe una fuerte desconfianza de las personas hacia el sistema político, desconfianza que nace principalmente de sus grandes dificultades para representar sociedades cada vez más complejas y para incluir las demandas de la sociedad, especialmente las de los excluidos. Y este es un punto central y un conflicto de carácter estructural: la dificultad que históricamente han tenido los países de la región para generar culturas políticas que apunten a incluir las

---

[75]   Ver Cheresky (2009: 30-31).
[76]   Equipos MORI, *Informe de opinión pública Bolivia, enero de 2007.*
[77]   Según los Informes de Opinión Pública relevados por Equipos MORI, entre enero de 2007 y enero de 2010 el promedio de desaprobación de los partidos políticos fue del 61%.
[78]   Para mayor detalle, véase PNUD Honduras (2005).
[79]   LAPOP (2010).

demandas de la población excluida, exclusión que no es sólo socioeconómica, sino particularmente política.

Este fenómeno dista de ser nuevo: desde la colonia, una característica central de las culturas políticas latinoamericanas ha sido la exclusión del otro como una forma concreta de negación de la diferencia. La noción de "dialéctica de la negación del otro", que supone un rechazo cultural que diferencia y luego inferioriza al "otro" (indígena, mujer, marginal, campesino, homosexual, etc.) y lo excluye social, económica y políticamente, es útil para comprender este rasgo de las culturas políticas en la región. La negación de la cultura del "otro" nace con la conquista, colonización y evangelización, y se extiende con los procesos de modernización de otra manera, pero con similares resultados: la marginalidad y el rechazo que constituyen límites fundamentales al ejercicio de la ciudadanía y al mismo régimen democrático.[80]

En América Latina, producto de la interacción compleja de diversas culturas, la búsqueda de igualdad ha sido siempre conflictiva y nunca plenamente alcanzada, pues el "otro" ha sido generalmente rechazado. Esta negación se expresa en que las elites, para diferenciarse del otro, lo niegan e interiorizan.[81] Desde la colonia, tres culturas políticas de desigualdad se han combinado y superpuesto y han interactuado entre sí, llegando a naturalizar el hecho de que quienes son distintos cultural o étnicamente son

---

[80]   En Calderón, Hopenhayn y Ottone (1996) se vio la "negación del otro" como barrera del desarrollo y elemento de un entramado cultural que lo potencia; aquí se plantea, además, su relación con la igualdad y con una cultura deliberativa que permita reconstruir una visión de lo público y del bien común.

[81]   Según Rex (1978), la negación se justificó al "estilo aristotélico": "Si todos los hombres son en principio iguales, los desiguales no pueden ser verdaderamente hombres". Esta frase resume sin escrúpulos un pensamiento elitista que niega cualquier identidad diferente a la que las elites defienden.

también en su gran mayoría pobres y, al mismo tiempo, tienen dificultades para ejercer sus derechos políticos. Estas culturas coexisten y se refuerzan entre sí.

Las culturas políticas de la desigualdad

1. Desigualdad ligada al origen

La primera cultura política de la desigualdad está ligada al origen, surge con la colonia e interpreta que la igualdad está dada por la pertenencia a un determinado grupo étnico, socioeconómico, político y/o cultural. Al rechazo al indígena que se inició con la conquista le siguió el rechazo al "cabecita negra", al mestizo o al mulato, todos estos considerados inferiores tanto por pertenecer a una cultura distinta a la del español o portugués como por el lugar de explotación que ocupaban en la estructura económica.

Por su diversidad étnico-cultural, Bolivia es un buen ejemplo de esto: allí es posible detectar una estratificación étnica en las distintas regiones del país en las que el altiplano rural tiene una importante composición exclusivamente indígena, un notable mestizaje y una menor población criolla-blanca; en los llanos, la población criolla-blanca es importante, la exclusivamente indígena baja y el mestizaje alto; mientras que en los valles predomina el mestizaje, aunque también se encuentra población exclusivamente indígena.[82] El punto clave aquí es que esta estratificación

---

[82] Según los datos del Censo de 1992 (año del último censo realizado en Bolivia), el 38% de los bolivianos se percibe involucrado en múltiples identidades (criollos, mestizos y otros); el 31% se considera quechua; el 25%, aymara; y el 6%, parte de otros grupos indígenas. Estos datos evidencian el multiculturalismo existente. Asimismo, es posible hablar de interculturalidad, pues según la encuesta realizada para el *Informe de Desarrollo Humano 2004 de Bolivia*, el 64% de los aymaras se siente también mestizo, igual que el 89% de los quechuas. Sumados estos

étnica se superpone con una estratificación social, en donde los sectores socioeconómicos altos y medios están compuestos principalmente por "criollos-blancos" y mestizos, mientras que los medios-bajos, pobres y pobres extremos están conformados principalmente por indígenas.[83] La estratificación étnica boliviana, por lo tanto, está asociada a la estratificación social de origen colonial. Esto sirve como ejemplo para entender que la gran desigualdad social existente hoy en Bolivia es el resultado de un proceso histórico que es fundamental tener en cuenta para mirar el futuro.

Es importante aclarar que no se trata de una cultura que discrimina sólo por diferencia étnica: la desigualdad ligada al origen se extiende a la población nacida en una villa de emergencia argentina o en una favela brasileña; a las mujeres, los jóvenes, los homosexuales o cualquier otra población excluida de la región. Es decir, discrimina a todo aquel cuya diferencia en el plano de la subjetividad pone en cuestión los "soportes" de la identidad "criolla-blanca-occidental".

2. Desigualdad ligada con un patrón clientelar-patrimonialista

Con el advenimiento de los regímenes nacional-populares, se inició una nueva etapa en la cual disminuyó la desigualdad dada por la pertenencia a una clase socioeconómica o etnia determinada y se reconoció a los diversos

porcentajes al 38% mencionado más arriba, esa es la sensación del 76% de la población boliviana. Se trata de un multi e interculturalismo que se redefine, además, según las circunstancias históricas y culturales vividas.

[83] Sin embargo, en las encuestas realizadas en Bolivia se registran tendencias contrapuestas menores: según la encuesta mencionada, el 4,6 y el 11% de la población que se identificó con algún grupo étnico está ubicada en los grupos altos y medios, respectivamente, mientras que el 13% de quienes se identificaron como criollos blancos serían pobres.

grupos y culturas que convivían en el territorio de una nación como un conjunto que comparte una subjetividad nacional homogénea e inclusiva. En consecuencia, se otorgaron derechos de ciudadanía a amplios sectores hasta entonces excluidos políticamente para participar de la comunidad política nacional (el voto femenino o universal es un buen ejemplo), y se impulsó un sentimiento nacionalista integrador que consiguió una mayor integración social gracias al reconocimiento de esos derechos.

Sin embargo, surge con este enfoque un problema central: al identificar al pueblo con la nación y el Estado, se considera que las diferencias asociadas a las pertenencias sociales y culturales pueden subsumirse a una identidad nacional capaz de homogeneizar a toda la población. Es decir, el pueblo en conjunto es visto como sujeto político. El problema es que, al rechazar la diversidad política y cultural, se niega la complejidad identitaria. De este modo, la idea de que la comunidad nacional debía construirse en torno del Estado y el partido llevó a que se desconociera el desarrollo de una auténtica comunidad de ciudadanos, una comunidad diferenciada política, cultural y socialmente (pues el "distinto" era considerado enemigo de la Nación), y a que se limitara el pluralismo cultural constitutivo de la integración nacional.

Un ejemplo de esta cultura de desigualdad vinculada con el clientelismo estatal lo conformaron los sindicatos campesinos bolivianos durante los años 1950. Allí, con la revolución de 1952 se otorgó derechos ciudadanos a indígenas y campesinos, con la condición de que se identificaran con el partido de Estado. Y ocurrió que, a diferencia de su base social, la mayoría de los dirigentes campesinos que se convirtieron en intermediarios entre el gobierno y la base, en un proceso de movilidad ascendente, pasó a ser parte de los sectores medios. Así, a partir de 1956 la orientación del sindicalismo campesino varió sustantivamente: de liderar la defensa de los intereses campesinos pasó a identificarse con los intereses del partido gobernante y sus dirigentes trocaron de intermediaros a voceros del gobierno. De este modo paternalista y clientelar, considerando al indígena campesino como "un hermano a ser ayudado a salir de su postración", comenzaron a entregar títulos de propiedad de las tierras a cambio de apoyo político y dejaron de lado cuestiones sustantivas, como la modernización productiva del campo, su relación con las ciudades y la diversidad cultural presente en las áreas rurales.[84] Este tipo de fenómeno fue común desde México hasta Chile, Argentina o Brasil, donde las lógicas de lealtad clientelar se superponían con las distribuciones de beneficios y redes de poder local o sindical.

El corporativismo, los sistemas de intermediación y el clientelismo propios de los regímenes nacional-populares jugaron en favor de quienes apoyaban al régimen y al partido, mientras que los que se oponían eran vistos como enemigos. Por lo tanto, el reconocimiento político fue limitado y la igualdad social, aunque se amplió, se condicionó en buena medida a estar de acuerdo con una ideología o con el partido gobernante y, sobre todo, a no expresar oposición.

Ahora bien, sería injusto no reconocer que, a pesar de todas estas características negativas en términos de la construcción de una cultura política más igualitaria, estos gobiernos jugaron un papel fundamental en la inclusión de quienes eran discriminados por el origen, lo cual constituyó un gran avance en el desarrollo político de nuestras sociedades. De hecho, ha quedado una suerte de "memoria" de aquellas experiencias que hoy es retomada por los gobiernos de izquierda en la región, como los de

---

[84]   En síntesis, primó la cooptación política. Véase al respecto Calderón y Dandler (1984).

Argentina, Brasil y Venezuela. En pocas palabras: si bien se generaron condiciones para la integración y la movilidad social y se desestabilizó la visión que las elites tenían de sí mismas, el clientelismo y la idea de una identidad homogénea coincidente con la nación, el Estado y el partido fueron un freno al pleno reconocimiento de las diferentes culturas y categorías sociales.

Por último, un nuevo tipo de cultura política de desigualdad surgió con los procesos de globalización y la influencia de la ideología de mercado, en la cual el excluido es el que no puede acceder a los mercados. Esta cultura política, en lugar de revertir los aspectos negativos de las anteriores, les agrega nuevos componentes y complejiza las culturas políticas de desigualdad ya comentadas.

3. Desigualdad ligada con el fundamentalismo de mercado

Esta cultura política apela al mercado como ámbito racional y natural distribuidor de oportunidades, como fundamento para construir un nuevo tipo de orden sociopolítico y económico en el que el Estado, la sociedad, el régimen de partidos y la democracia se subordinan a sus "leyes".[85] El problema es que no es competencia del mercado integrar social y/o económicamente, sobre todo en América Latina, donde su dinamismo es escaso e inestable. Por lo que la idea de que una lógica estatal debe resignarse en función de una lógica absolutamente mercantil es más congruente con una ideología que con la realidad de nuestras sociedades y de nuestras economías, pues aunque con las reformas estructurales hubo una racionalización económica, las economías se integraron de manera limitada a la globalización.

---

[85] Hinkelammert (1984).

Esta lógica de mercado se basa en la racionalidad dada por el logro de máximos beneficios individuales, en una visión de la sociedad en la cual se desdibuja la idea de bien común y en donde los individuos son considerados más consumidores que ciudadanos. De este modo se produce un aislamiento hacia el ámbito privado que debilita los lazos colectivos y promueve una noción meramente individualista del futuro.[86] Lograr integración social a través del mercado supone que distintos individuos y grupos poblacionales accedan al consumo. Está claro que en América Latina este es un límite duro del modelo, pues, como vimos, a las desigualdades históricas se suman los efectos sociales de las reformas estructurales que ampliaron los niveles de vulnerabilidad social y pobreza y provocaron un aumento de la precarización laboral. Cabe aclarar que no se trata de negar la importancia del mercado en los ámbitos económico y cultural ni su papel modernizador, sino de criticar la visión fundamentalista, ya que constituye el fundamento de una nueva cultura política de desigualdad.

La historia se repite en otros países de la región y no sólo en aquellos que presentan una interculturalidad compleja. Este es el punto crucial: los excluidos suelen serlo en todo sentido, el económico, el político y el cultural; es decir, no son sólo excluidos del acceso al mercado, sino sobre todo, como ciudadanos. Aunque participen de actividades vinculadas a la producción y al intercambio, no poseen los mismos derechos que la población más privilegiada. Esto se ve claramente si evaluamos, por ejemplo, el acceso a la previsión, la salud o la educación.

Un tema que pone en evidencia los límites de una lógica absoluta de mercado es el de la igualdad de oportunidades ligada con la adquisición de capacidades a través de la educación. Esta idea se basa en la premisa de que quien posee

---

[86] Una dura crítica al mercado como utopía neoliberal puede verse en Bourdieu (1998) y Touraine (1999).

más conocimiento también tiene mejores oportunidades en el mercado laboral, presunción que se ve negada hoy por el hecho de que las oportunidades de conseguir empleo dependen cada vez más del acceso a redes de poder e influencia. El aumento del desempleo, la inestabilidad laboral y la reforma de la seguridad social favorecen esta percepción incierta de la igualdad, lo que se corrobora cuando personas con niveles semejantes de capacitación tienen un acceso muy diferenciado al mercado laboral. Aquí, el Estado debería jugar un rol central para asegurar la igualdad y debería trabajar en función del bien público, la ampliación de la ciudadanía y el desarrollo humano.

La pregunta central que surge de este breve repaso es cómo, a partir de nuestras particularidades, es posible lograr un mejor acceso a los beneficios de la globalización, disminuir la exclusión y las inequidades socioeconómicas y ampliar la participación ciudadana. En este sentido, analizar cuánto y cómo las culturas políticas de desigualdad limitan los procesos de desarrollo e inclusión es fundamental.

Hacia una idea más compleja del concepto de pobreza

Es interesante observar la diferencia de significados del término *pobreza* entre la cultura occidental y la quechua. En la primera, el término proviene del latín *pouvertas*, que significa 'estéril', 'improductivo'; en la segunda, se utiliza el término quechua *waqcha* o *waycha*, que significa 'huérfano', 'sin padre', 'madre' o 'comunidad', es decir, sin lazo social. Esta diferencia de significados sirve para resaltar la importancia que tiene entender la pobreza vinculada no sólo con sus aspectos económicos, sino también con el acceso a derechos y a la participación política y cultural. En este sentido, proponemos entender a la pobreza en términos relacionales, como un fenómeno que se produce en el marco de relaciones sociales desiguales que, entre otras cosas, genera una capacidad muy limitada para ejercer ciudadanía en la población pobre. Por lo tanto, la pobreza no debería medirse únicamente por la capacidad económica, sino también por la capacidad política y social.

Esta idea puede encontrarse en Sen, quien a partir de concebir la pobreza como una privación frente a la cual la sociedad está obligada a tomar medidas plantea que puede comprenderse "como carencia de capacidades básicas para alcanzar determinados niveles [de vida] mínimamente aceptables. Los funcionamientos pertinentes para este análisis van desde los físicamente elementales, como estar bien nutrido, o vestido y protegido adecuadamente, o libre de enfermedades que pueden ser prevenidas, etc., hasta logros sociales más complejos, tales como participar en la vida de la comunidad, poder aparecer en público sin avergonzarse, y así sucesivamente".[87] Claro que la forma e importancia de cada uno de estos funcionamientos y de aquello considerado como privación cambia según la sociedad de que se trate; sin embargo, en cualquier caso, en este planteo existe la intención de comprender lo que tiene de general y de particular la pobreza, poniendo énfasis en los aspectos políticos y culturales que inciden en ella y cuestionando la visión reduccionista del fenómeno que vincula la pobreza solamente con los bajos ingresos.[88]

Esta noción de pobreza adquiere particular importancia en América Latina, pues como vimos al tratar las distintas culturas de desigualdad, los pobres históricamente han sido

---

[87] Sen (1995: 27).

[88] "Si queremos identificar la pobreza en términos de ingresos, no podemos mirar solamente a los ingresos (sean éstos altos o bajos) independientemente de la capacidad de funcionar derivada de esos ingresos. La suficiencia de los ingresos para escapar de la pobreza varía paramétricamente con las características y las circunstancias personales" (*Ibíd.*).

asociados a un "otro" amenazador, y por lo tanto, existe una
tendencia a excluirlos no sólo a través de prácticas sociales
cotidianas, sino también de prácticas políticas basadas en
patrones culturales de acción y comportamientos discrimi-
nadores hacia esos "otros". Es por ello que aquí se enfatiza la
necesidad de pensar el desarrollo vinculando la pobreza a la
vigencia de una cultura de la desigualdad y a la necesidad de
hacer efectiva la ciudadanía.

Para graficar lo dicho, puede considerarse que la relación
entre estructuras socioeconómicas inequitativas y el escaso o
nulo ejercicio ciudadano llevan a mayores niveles de exclusión y pobreza, generando un aumento de la desigualdad,
hecho que, en un círculo vicioso, genera más inequidad en
la estructura socioeconómica y debilita la ciudadanía.

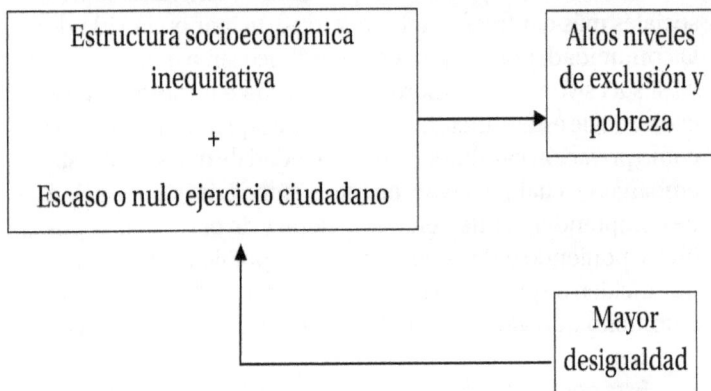

Estructura socioeconómica inequitativa + Escaso o nulo ejercicio ciudadano	→	Altos niveles de exclusión y pobreza
↑		
		Mayor desigualdad

En síntesis, si bien se debe entender la pobreza en el
marco de múltiples relaciones sociales asociadas con las
dinámicas de la economía, el hecho de que casi el 35% de
la población latinoamericana se encuentre bajo la línea de
pobreza[89] indica que una gran cantidad de personas, y por

---

[89]   CEPAL (2007).

lo tanto, el conjunto de las sociedades a las que pertenecen, enfrentan profundos límites estructurales para desarrollar sus capacidades como seres humanos. Es decir, la pobreza no es un problema de los individuos sino de las sociedades. E insisto: dichas capacidades no sólo se refieren a empleo, ingresos o servicios sociales, sino fundamentalmente al accionar individual y colectivo, a actuar con dignidad, a comunicarse, a comprometerse con la sociedad de pertenencia, a recibir y dar solidaridad, y sobre todo, a la capacidad de las personas de transformarse en actores sociopolíticos que puedan transformar sus necesidades en demandas y expresarlas genuinamente en el régimen político.

Los pobres son quienes están más excluidos del ejercicio de la democracia, y por lo tanto, pueden considerarse como preciudadanos. Mientras las sociedades no diseñen e implementen políticas de inclusión y participación para estos grupos sociales, las posibilidades de avance institucional y de que el sistema político funcione eficientemente y de manera justa son escasas. A mi juicio, para superar la pobreza es indispensable lograr niveles aceptables de integración, participación y deliberación social; es imprescindible construir sociedades y economías más equitativas. La superación de la pobreza requiere la realización de un proyecto de largo plazo destinado a modificar sus bases estructurales, fundamentalmente en relación con el acceso a recursos productivos, la capacitación y valorización de las personas, la acción social organizada y el fortalecimiento de los lazos de solidaridad.

Una mirada sobre las políticas sociales contra la pobreza

Las políticas sociales focalizadas fueron aplicadas por los Estados latinoamericanos junto con las reformas estructurales desde comienzos de los años 1980 para contrarrestar los crecientes niveles de pobreza. Esta focalización consistió en una racionalización del gasto en la que se priorizaron problemas y poblaciones específicas con el objetivo de llegar a aquellos que más lo necesitaban. Para ello, fue preciso establecer de manera eficiente qué población sería beneficiada, promoviendo idealmente su participación en el proceso de planificación y elaboración de las propuestas de política social. Se pretendía así dar una respuesta a los procesos de diferenciación vinculados a la modernización y al ajuste estructural.[90] Pero dados los resultados, todo indica que en lugar de mejorar la situación de los más pobres sólo se racionalizó el asistencialismo sin atacar las raíces estructurales de la pobreza.

Se hace evidente aquí la radical importancia que tiene comprender a la pobreza en el significado amplio del que venimos hablando, pues la reestructuración de la economía y la consecuente modernización del aparato estatal encarada durante esos años supuso una concepción de los excluidos como necesitados y no como ciudadanos. Los pobres, en esta perspectiva, son personas carenciadas a quienes hay que asistir, y no ciudadanos con derecho a participar en las decisiones que, entre otras cosas, apuntarían a políticas de reducción de la pobreza. De esta manera, el enfoque asistencial que prevaleció en la mayoría de las políticas sociales en la región se sostuvo en una mirada "privatizada" de la sociedad y en el aislamiento de los individuos sobre sí mismos.[91] En esta

---

90   CEPAL (1995).

91   Rosanvallon (1995) sostiene que el reconocimiento de la diversidad cultural, al valorizar la tolerancia y el respeto hacia el otro, oculta que valores como la solidaridad y la igualdad (entendida en algún nivel) se debilitaron, lo que llevó a un reforzamiento del individualismo que produce un quiebre del lazo social y de los imaginarios colectivos. Así, el autor dice: "Los valores sociales centrales son la tolerancia mucho más que la solidaridad, y la imparcialidad mucho más que la igualdad. La 'buena sociedad' es aquella que permite la coexistencia pacífica de las diferencias; ya no es más aquella que asegura la inserción. El principio de ciudadanía no implica más una exigencia de redistribución en este

concepción, que despoja al pobre de su ciudadanía y lo ve separado de un contexto de relaciones sociales desiguales, las políticas sociales son más un paliativo que un ataque efectivo a las inequidades estructurales. En consecuencia, las políticas sociales se vuelven una simple cuestión de gobernabilidad frente a demandas fragmentadas de la sociedad.

Sumado a estos rasgos básicos, hay que agregar que la aplicación de las políticas sociales focalizadas en la región estuvo estrechamente vinculada con el clientelismo político y contó con escasa participación de la población a la cual beneficiaría. Esta situación produjo dos efectos: por un lado, limitó sus alcances en la disminución de la pobreza, y por el otro, no contribuyó al fortalecimiento de la ciudadanía.

Al analizar los datos, podemos ver que es cierto que en los años 1990 el gasto social en la región creció. Como se observa en el cuadro 6, entre 1990 y 1999, en casi todos los países latinoamericanos aumentó el gasto en educación, salud, vivienda, agua, saneamiento y, especialmente, seguridad social. Pero, a pesar de esto, los resultados de las políticas sociales focalizadas en general fueron insuficientes para enfrentar la complejidad de los procesos de diferenciación de la estructura socioeconómica de nuestros países. Su aplicación, en definitiva, dio alguna legitimidad a los programas de ajuste estructural entre los sectores poblacionales más perjudicados y terminó siendo una suerte de respuesta compensatoria de las elites frente al fenómeno de la pobreza, como paliativo para las tendencias regresivas en la distribución del ingreso.

---

contexto, él se reduce a la confianza común en la ley civil organizadora de la autonomía" (p. 68).

Cuadro 6. Gasto social por sectores como porcentaje del PIB, 1991-1992, 1998-1999, 2000-2001 y 2006-2007

País	Educación				Salud				Seguridad social				Vivienda			
	1990 / 91	1996 / 97	2000 / 01	2006 / 07	1990 / 91	1996 / 97	2000 / 01	2006 / 07	1990 / 91	1996 / 97	2000 / 01	2006 / 07	1990 / 91	1996 / 97	2000 / 01	2006 / 07
Argentina	3,5	4,1	5,0	5,1	4,11	4,34	4,70	4,59	9,52	9,43	9,91	9,53	0,92	0,74	0,62	1,15
Brasil	3,4	4,3	5,0	5,0	3,28	3,77	4,06	4,65	8,46	10,6	11,2	13,0	1,42	0,78	1,05	1,70
Chile	2,3	3,0	3,9	3,3	1,84	2,41	2,90	2,88	7,68	7,14	7,90	5,77	0,22	0,28	0,34	0,33
Colombia	2,4	4,2	3,3	3,0	0,86	2,88	2,17	1,87	2,25	5,43	4,79	6,98	0,45	1,01	0,91	0,52
Costa Rica	3,9	4,6	5,1	5,2	4,90	4,73	5,20	4,97	4,87	5,75	6,13	5,23	1,85	1,78	1,58	1,76
México	2,6	3,7	3,9	4,0	2,95	2,16	2,28	2,77	0,13	1,51	2,28	2,37	0,86	1,19	1,26	2,13
Perú	1,6	2,5	2,5	...	0,87	1,43	1,75	...	1,34	2,76	3,30	...	0,05	0,21	0,23	...
Uruguay	2,5	3,0	3,0	3,9	2,91	2,51	3,47	3,77	11,2	15,3	13,7	12	0,31	0,46	1,39	1,56

Fuente: CEPAL (2007).

Si bien existieron críticas a este enfoque en las políticas sociales focalizadas, en general éstas fueron más bien de carácter técnico y dejaron de lado un debate sobre sus efectos en términos de exclusión y desigualdad. Este tipo de política social, a pesar de su intención manifiesta, hizo que muchas veces la ayuda no alcanzara efectivamente a los sectores más empobrecidos; sectores que, por no tener una importante capacidad de acción organizada, no participaron en su elaboración y fiscalización, estableciéndose una distancia entre la eficiencia económica y la eficacia social de estas políticas. En este sentido, la baja participación de la población afectada en las políticas sociales es una consecuencia del círculo de inequidad, escaso ejercicio ciudadano, desigualdad y pobreza.

Ahora bien, es innegable que políticas sociales focalizadas y/o condicionadas, como el "Bono Juancito Pinto" en Bolivia, que transfiere una vez al año una cantidad de dinero a los niños de primaria que estudian en escuelas estatales, o bien políticas focalizadas como el "Bono de Desarrollo Humano" en el Ecuador, que beneficia a madres que se comprometen a matricular a sus hijos en la escuela y a aplicar visitas regulares a los centros de salud, cumplen con una función estructural destinada a la protección de los individuos y hogares ubicados en situación de pobreza o vulnerabilidad crónica.

Quiero insistir, por último, en nuestra perspectiva sobre la pobreza y la inequidad. La limitada capacidad de acción de los más pobres, de las instituciones y los ciudadanos para participar en procesos deliberativos, así como la tendencia a excluir y discriminar al "diferente", constituyen las claves para entender estos fenómenos. Por lo tanto, un cambio hacia la integración social y el desarrollo supone la integración de los excluidos para transformar sus necesidades en demandas que puedan debatirse junto a otros considerados iguales. No basta oponerse a un sistema de poder injusto: es fundamental que la oposición y la crítica se transformen, a través del diálogo, en propuestas de desarrollo; es necesario articular los logros institucionales, el acceso al mercado y el ejercicio ciudadano para promover un desarrollo humano socialmente incluyente a partir de espacios deliberativos donde la igualdad ciudadana sea un eje. De aquí se desprende como central la necesidad de trabajar los temas de la exclusión social y la pobreza en términos de ciudadanía y cultura deliberativa, pues dadas las condiciones de exclusión y diferenciación social en la región, la pobreza constituye un problema preciudadano.

Capítulo V
La deliberación, lo local y el Estado

La cultura política deliberativa busca vincular justicia y ética con igualdad y se opone a las culturas políticas de desigualdad, pues la igualdad es concebida en el marco del reconocimiento y el respeto al pluralismo constitutivo de las sociedades. Es, ante todo, una cultura política democrática, porque plantea una discusión de propuestas sobre los temas que interesan a la sociedad en la que idealmente participen todos los afectados por las decisiones que se vayan a tomar. Y aunque no se desconocen las relaciones de poder en las que están inmersos los actores sociales que participan del proceso de deliberación, el rasgo central aquí es que la deliberación debe basarse en argumentos racionales comprometidos con la imparcialidad, desde donde puedan generarse formas de cooperación y autonomía, e incluso pueda disputarse la dirección del desarrollo. De esta manera, se busca construir una sociedad más libre, tolerante y justa.[92]

En pocas palabras, la deliberativa es una cultura política que busca generar espacios públicos en donde los actores, a partir de su diversidad cultural, social y económica, participen con otros como iguales para alcanzar acuerdos en función del bien común. Se supone aquí que las capacidades políticas se desarrollarán en la medida que exista una relación igualitaria con otros, y que esta es una condición necesaria para poder construir opciones entre las cuales los ciudadanos puedan elegir realmente

---

[92] Varias experiencias históricas en la región ilustran esta posibilidad; entre ellas, las tradiciones comunitaristas con rasgos deliberativos, sobre todo entre indígenas y obreros; también la opción por el diálogo como forma de resolver problemas. Para un análisis más desarrollado sobre deliberación, ver Calderón (2002).

según sus identidades culturales y aspiraciones personales y colectivas.[93] Ahora bien, para que todo esto sea posible, es necesario perseguir tres fundamentos que constituyen la base de esta cultura política. Hablamos del reconocimiento de la igualdad política, de la equidad en los actos de habla y de la capacidad reflexiva de la sociedad.

En primer lugar, aclaremos que es importante entender la igualdad no como una noción general y abstracta, sino en sus aspectos concretos, como la igualdad ante la ley, en los niveles de vida y de bienestar, y en las posibilidades de elección y aspiración de acuerdo a valores culturales propios. Se comprende que las sociedades serán las que prioricen alguno de estos ámbitos según sus propios criterios y urgencias, ya que las diferencias entre las personas pesan en las desigualdades, pero el tema es siempre lograr igualdad sin jerarquías de ningún tipo y respetando las diferencias. En este punto resulta interesante mencionar a Sen, que afirma que la demanda de igualdad se justifica, en última instancia, por una preocupación ética.

En este marco, Touraine sostiene que la relación entre igualdad y diferencia es de complementariedad y no de oposición, pues la igualdad apela a un principio metasocial, superior a la sociedad, que se vincula con lo que ella determina como bien común.[94] Y agrega que tal principio aseguraría el reconocimiento de la diferencia, pues para que el sujeto pueda realizarse individualmente debe reconocer el mismo derecho de autorrealización (y agregaría, de libertad) de los demás individuos sin excluirlos por sus adscripciones o atributos. Por supuesto que existe desigualdad en el ejercicio del poder, pero el autor sostiene que de todas maneras la democracia, respondiendo a ese principio, debe asegurar el respeto por la igualdad de

---

[93]   Sen (1999).
[94]   Touraine (1998).

derechos políticos y hacer posible la realización plena de los derechos sociales. En definitiva, la idea de democracia supone la ausencia de dominio.[95] Esto garantizaría que *todos* los individuos puedan reconocer sus diferencias.

Este tema cobra especial importancia en América Latina dadas las profundas desigualdades en las relaciones de poder a las que individuos y actores están sometidos. Por eso, desde nuestro punto de vista sería posible lograr una relación menos contradictoria entre igualdad y diferencia en la medida que se refuerce una cultura deliberativa que no sólo permita la canalización institucional de la participación ciudadana, sino que también estimule la participación de individuos y actores, tema central para redefinir aspectos que hacen al bien común. De este modo, la cultura política deliberativa debería permitir la manifestación de múltiples voces para construir nuevos horizontes de desarrollo más equitativos y eficientes para todos, brindando un marco institucional que inspire confianza y compromiso y que, basado en valores democráticos, asegure la manifestación de las diferencias.

Al tratar el segundo fundamento de la cultura política deliberativa, la equidad en los actos del habla, suponemos que ponerse de acuerdo sobre qué es el bien común para una sociedad implica necesariamente que los individuos y grupos se comuniquen de manera genuina y expresen con libertad sus opiniones y propuestas escuchando las opiniones y propuestas de los otros. Ello involucra de forma ineludible asegurar un espacio público de respeto y reconocimiento del otro en condiciones de igualdad. En nuestra región, repetimos, las culturas políticas de desigualdad son muy fuertes y están vigentes con plenitud. Con más razón, entonces, es preciso avocarse a crear espacios comunicativos deliberativos donde prime la igualdad

---

[95]   Petit (1997).

y el reconocimiento, para lograr así mayor equidad en
la toma de decisiones y mayor legitimidad democrática
como mecanismos para discutir el bien común y procesar
conflictos. Las mismas políticas subjetivas o culturales de
Estado tendrían que inspirarse en esta lógica deliberativa.

Finalmente, la capacidad reflexiva es el tercer requisito
de esta cultura política, capacidad que debe abocarse en
términos sustantivos a analizar los cambios en la sociedad
globalizada en función de las propias sociedades nacionales
pluriculturales y, en términos procedimentales, a rebatir ar-
gumentativamente las ideas de otros, pero no para negarlas,
sino para conversar y criticar y llegar a mejores propuestas
para todos tomando en cuenta las diversas subjetividades
y formas de sociabilidad. Al cumplir estos requisitos, la
cultura política deliberativa permitiría tomar mejores decisiones en democracia y lograr mayor justicia distributiva,
pues la comunidad política sería la protagonista en un
marco garantizado de reconocimiento igualitario de las
distintas diversidades culturales y sociales. Esto elevaría la
capacidad ciudadana para comprender a la sociedad y las
transformaciones a las que asiste. En este sentido, puede
ser un genuino espacio de igualdad y reconocimiento que
contrapese el autoritarismo y la desigualdad de las culturas
políticas históricamente reinantes en la región.

La democratización y lo local

Las políticas de democratización a escala local son una
vía concreta en la dirección de promover la cultura política
deliberativa, ya que pueden tener un efecto funcional a la
integración social, siempre y cuando se conciban como
políticas nacionales integradas en las que el Estado se
acerca a la gente, suscitando así la expansión de la ciudadanía. Es preciso decir que no estamos planteando un tema

nuevo aquí: diversos países de la región ya promueven la democratización local como un objetivo de primera línea y han tomado medidas en este sentido. La participación municipal, la desconcentración de la población y de diversas actividades y servicios, la transferencia de funciones administrativas con la idea de desburocratizar y disminuir costos de la administración central o el fortalecimiento político y técnico administrativo de los gobiernos locales son sólo algunas de las políticas que apuntan en esa dirección.

Ahora bien, es cierto que la descentralización puede transformarse en uno de los mecanismos más novedosos para impulsar y potenciar una relación virtuosa entre modernización, democratización y Estado, pero es necesario tener en cuenta que esto ocurrirá si y sólo si esta dinámica es capaz de integrar procesos de racionalización y eficiencia de la gestión local con una legítima participación ciudadana para, de esta forma, poder enfrentar los problemas y desafíos de forma democrática. En este marco, un tema especialmente importante es el desarrollo local, ámbito en el que ya ha habido progresos; los distintos actores sociales y políticos están concibiendo a los gobiernos locales como verdaderos núcleos de desarrollo y gestión, y ya no sólo como organizaciones políticas predeterminadas. Es así que los gobiernos territoriales no sólo expresan procesos sociales urbanos, sino que además surgen en ellos nuevas potencialidades para orientarlos.

Las políticas de democratización que promuevan mecanismos locales de eficacia y racionalización de la gestión, de participación y representación en el sistema de toma de decisiones, potenciarán la articulación entre los distintos niveles del Estado y las condiciones específicas de las sociedades locales. De este modo, será posible conseguir una representación más genuina de los intereses locales a nivel central, incluir una mayor diversidad de demandas y contribuir, en definitiva, a la expansión de la ciudadanía.

Experiencias de poder local deliberativo

Los casos que se muestran aquí representan ejemplos significativos de participación democrática con potencial para reproducirse y expandirse en ámbitos más amplios, regionales y nacionales. A mi juicio, estos casos pueden tener un doble impacto: primero, promover acciones en el ámbito de la igualdad, la redistribución de los ingresos y servicios e incluso de bienes de capital; segundo, promover una mejor distribución de las capacidades políticas entre los diversos miembros de una sociedad.[96] Son instancias restringidas pero novedosas de deliberación.

1. El Esquema de Participación Presupuestaria de Porto Alegre[97]

El Esquema de Participación Presupuestaria de la ciudad de Porto Alegre nació durante la transición a la democracia en Brasil. Previamente, durante el gobierno de facto que tomó el poder en 1964, las políticas municipales eran decididas por el gobierno central. Alrededor de 1975, algunos municipios y ciudades, en distintas regiones del país, empezaron a implementar métodos de participación en la planificación de políticas públicas como medio de oposición a la dictadura y de expresión de sus demandas de descentralización. Sin embargo, fue recién durante los años 1980 cuando el PT ganó varios municipios y la propuesta de participación comenzó realmente a implementarse apoyándose en una base "geopolítica" compuesta por organizaciones sociales que venían articulándose desde el final de la década de

96 Para un tratamiento general de este tópico, ver Dos Santos (1986).
97 La información de esta sección se puede encontrar en Calderón y Sz-mukler (2004), Fedozzi (2001; 2002), Genro y De Souza (1997). Para las implicaciones de este caso en San Pablo, ver Kowarick (1991).

1970. Se hicieron entonces intentos de incluir a los más pobres en la toma de decisiones políticas para reordenar las prioridades de las políticas públicas en el contexto del crecimiento de la urbanización y la pobreza. Entre estos intentos, uno muy novedoso e importante fue el de Porto Alegre, en donde el Esquema de Participación Presupuestaria continuó hasta convertirse en un caso modelo de inspiración para procesos similares estable-cidos en más de otras cien ciudades brasileñas y de otros países. "El perfil socioeconómico de los participantes, mayoritariamente constituido por camadas de baja ren-ta y bajos niveles de instrucción, y las inversiones en saneamiento básico, vivienda, pavimentación de vías, educación, salud y transporte colectivo en los barrios populares, revelan el aspecto redistributivo del presu-puesto participativo".[98]

Este esquema tan exitoso se basa en tres principios básicos: normas de participación aplicadas en forma similar a todos los participantes; un método objetivo de asignar recursos; y un proceso descentralizado de toma de decisiones que divide a la ciudad en dieciséis distritos presupuestarios. La primera fase del proceso está orga-nizada en dos etapas de asambleas.[99] En la primera, el Poder Ejecutivo rinde cuentas del último plan y presenta el presupuesto aprobado para el próximo período. En la segunda, presenta las políticas a financiar y los gastos que orientarán la elaboración del presupuesto del año siguiente. Entre la primera y la segunda etapa, la pobla-ción organiza reuniones en las que eligen tres sectores prioritarios para la inversión (por ejemplo, salud, edu-

---

[98]   Fedozzi (2002).
[99]   Hay una asamblea por distrito. La temática que discuten las asambleas abarca cuestiones tales como transporte, educación, salud, desarrollo económico y desarrollo urbano.

cación), y para cada sector deciden las localidades que deben ser priorizadas. Luego, las demandas priorizadas son presentadas en la segunda etapa de asambleas, donde también son electos los representantes del Consejo de Presupuesto Participativo (CPP).

En la segunda fase, los representantes elegidos para el CPP debaten las demandas y propuestas presentadas en la primera etapa. Luego, en la tercera fase, el CPP define si las diversas propuestas son viables y los oficiales del gobierno municipal presentan propuestas para proyectos que son de beneficio general para la ciudad o que favorecerán a varios distritos. El Consejo aprueba luego el plan final que se publica y se usa para efectos evaluativos durante la primera fase del proceso el año entrante.

Para evaluar los resultados de esta experiencia se puede citar un análisis que hicimos junto a Szmukler:

> El Esquema de Presupuesto Participativo de Porto Alegre ha tenido varios resultados positivos importantes. La participación de los ciudadanos en el proceso de preparar y priorizar las políticas publicas aumentó de manera impresionante. La asignación de fondos a los municipios fue redistribuida para financiar los trabajos en las áreas pobres de la ciudad. El transporte se expandió a zonas marginales. La calidad y riqueza de los trabajos y servicios públicos aumentaron (tales como pavimentación de caminos, proyectos habitacionales, y proyectos de desarrollo urbano). La corrupción disminuyó. Y hubo un incremento tanto en la cantidad de obras públicas como en la responsabilidad municipal de sus empleados.[100]

Entre los factores que contribuyeron a su éxito, en primer lugar se destaca el hecho de que los actores participantes en estos procesos deliberativos pueden realmente ver los beneficios que confieren, no sólo en términos de la

---

[100]   Calderón y Szmukler (2004: 299).

obtención de recursos materiales para mejorar la calidad de vida, sino también como medio de aumentar el capital humano, social e institucional para reducir la pobreza y estimular el desarrollo. En segundo lugar, los actores ven en estos procesos una posibilidad de sobrellevar la crisis económica de una manera más eficiente. En tercer lugar, el alto nivel de representación de las organizaciones sociales constituye una enorme ventaja para la deliberación y la búsqueda del consenso, para que diversos intereses y demandas estén representados en los procesos. En cuarto lugar, ha cambiado la actitud de los actores del Estado en el sentido de que empezaron a descentralizar el poder, a valorar el consenso positivamente y a hacer espacio para nuevos actores en los procesos de participación, separándose así del clientelismo tradicional. Y, finalmente, la confianza generada entre los actores involucrados en el proceso deliberativo, así como los resultados concretos de los acuerdos logrados, promovieron la búsqueda del consenso.

2. Villa El Salvador[101]

La ciudad de Villa El Salvador del Perú sobresale por su larga tradición de lucha social territorial. Es una de las más importantes en la historia del país. Se destaca particularmente por sus orígenes, treinta años atrás, como una comunidad marginalizada de asentamientos humanos en el área metropolitana de Lima, que pasó a ser el "caso estrella" en el sistema de descentralización municipal del país.[102] Asimismo, es conocida por haber implementado un proceso altamente participativo en la formulación de

---

[101]   Puede encontrarse información antecedente para esta sección en Zolezzi (2002), Távara (1983) y Sánchez y Olivera (1983).

[102]   Para mayor información sobre la cuestión de los movimientos sociales emergentes de asentamientos humanos en el Perú, ver Tovar (1986).

su Plan de Desarrollo Integral, y más recientemente, por su esquema de Presupuesto Participativo, basado en el modelo de Porto Alegre.

Estos procesos tomaron importancia cuando la Alcaldía organizó un foro ciudadano sobre participación, coordinación y desarrollo humano al que asistieron los ciudadanos y las organizaciones vecinales de Villa El Salvador. Si bien las decisiones mayores no tuvieron lugar en este evento inicial, los oficiales del ámbito local las usaron para validar el proceso participativo en general. Luego, los sindicatos, los oficiales del gobierno local, los representantes del gobierno central, las ONG y las organizaciones vecinales, tomaron decisiones más concretas en talleres temáticos y territoriales.

Los organizadores del taller presentaron sus conclusiones a una consulta de ciudadanos (una reunión municipal con la asistencia de 50.000 residentes de Villa El Salvador que tuvo lugar en noviembre de 1999). Allí, los residentes votaron una lista de prioridades para una visión de su ciudad entre las que se incluían distintos objetivos, entre ellos: una ciudad saludable, limpia y verde; la formación de una fuerte comunidad educativa; un distrito de productores y creadores de riqueza y una comunidad líder y unida. Esta lista fue luego aprobada por el 84% de sus participantes.

Una vez logrados estos pasos, los residentes y oficiales del gobierno local dirigieron su atención para implementar la agenda por medio del proceso de participación presupuestaria. Este proceso estuvo abierto a todos los residentes de Villa El Salvador. Aproximadamente el 4% de la población participó en las reuniones y asambleas, entre ellos, oficiales del gobierno local, ONG, organizaciones de raigambre, sindicatos, organizaciones de pequeños negocios y ciudadanos individuales. Su participación fue importante ya que los comprometió a contribuir y supervisar el proceso presupuestario entero, desde identificar prioridades y preparar proyectos, hasta auditar y evaluar las gestiones para controlar las rendiciones de cuentas y las responsabilidades. Hay que destacar que los pobres jugaron un rol particularmente prominente: se estima que cerca del 60% de los participantes fueron muy pobres, el 35% fueron pobres y el 5% fueron de clase baja.

El proceso dio como resultado varios logros importantes. Primero, tuvo éxito al juntar y fortalecer un grupo diverso de actores sociales, la mayoría de los cuales era pobre y varios estaban compuestos por mujeres. Esto, a su vez, se tradujo en mejoras concretas de gobernabilidad en el distrito: cuanto más diversos fueron los grupos de actores participantes en el proceso, más fortalecidos resultaron los acuerdos entre los diferentes grupos. Además, el proceso hizo posible la multiplicación de los recursos existentes a través de diferentes esfuerzos de conjunto. Finalmente, la combinación de estos factores derivó en una mejora en la eficiencia de los esfuerzos asumidos por el gobierno municipal.

Más allá de los resultados específicos, lo esencial aquí es que Villa El Salvador reveló la posibilidad de promover los esfuerzos productivos (en vez de limitarse a los esfuerzos de distribución) en una comunidad que enfrenta un alto nivel de adversidad, primero en forma de desafíos geográficos (el área está en el desierto con escasos recursos de agua) y luego en forma de violencia política por parte de grupos radicales.

3. Esfuerzos para promover la cultura cívica en Bogotá[103]

A pesar de circunstancias adversas extremas, la ciudad de Bogotá tuvo éxito en la transformación de su cultura

---

[103]   Información antecedente sobre este caso puede encontrarse en Rojas (2002), Cuervo Gonzáles (2002), y en Instituto Distrital de Cultura y Turismo-Alcaldía Mayor de Bogotá (2002).

cívica y en la mejora de la vida de sus residentes de maneras altamente tangibles. Esto fue posible por la apertura de un nuevo espacio gracias a un proceso de descentralización que permitió a los ciudadanos participar de un modo más activo en los asuntos de la ciudad mediante esfuerzos altamente creativos. Comparados con las experiencias recién mencionadas, los esfuerzos de Bogotá son más una obra en progreso que una estructura participativa terminada. Sin embargo, se incluye aquí porque se destaca por la creatividad con la que encararon sus problemáticas.

Por décadas, los residentes de Bogotá, en particular los de las vecindades más pobres, han estado organizando y formando movimientos sociales con el objetivo de mejorar la calidad de vida de la ciudad y reducir la violencia. En 1988 empezaron a abrirse espacios políticos para hacer escuchar estas demandas, el día que los residentes fueron capaces de elegir al alcalde de la ciudad por primera vez como resultado de un acta legislativa emitida dos años antes. Más adelante, el proceso fue impulsado por la Constitución de 1991, la cual estableció oficialmente la descentralización del país, consolidando así el proceso que había comenzado en los años 1980. Al año siguiente, se promulgó una ley que definió los procedimientos para constituir los órganos administrativos dentro de los diversos distritos de las ciudades, pero recién en 1994 se llegó a un verdadero punto de partida con la elección de un candidato independiente por primera vez, Antanas Mockus, dando fin así al dominio de los partidos políticos tradicionales de la ciudad: el liberal y el conservador.

El surgimiento de Mockus como candidato fue el resultado de los esfuerzos organizativos que tuvieron lugar en el ámbito local de las vecindades más pobres. Su administración puso en marcha un plan de desarrollo basado en el lema "construir una nueva ciudad", siguiendo esfuerzos pedagógicos para educar a los residentes en el área de la cultura cívica. De este modo, durante su administración se promulgó un decreto que convocó a los residentes de Bogotá a participar de manera activa en el proceso de diseño de los planes y proyectos presentados por los cuerpos administrativos locales. Luego, la administración siguiente de Enrique Peñalosa, otro candidato independiente, impulsó el desarrollo de Bogotá al enfatizar la importancia de espacios públicos tales como parques, plazas, veredas y ciclovías. El proceso continuó con la reelección de Mockus en 2001.

Con distintos mandos en el gobierno, la estructura de participación ciudadana en Bogotá ha evolucionado desde su inicio. En el primer diseño participativo de los planes del órgano administrativo local en 1994, cada uno de los residentes y de los organismos participantes recibió una tarjeta blanca y tres monedas grabadas con la frase "los recursos públicos son recursos sagrados". Se les pidió luego que escribieran en la tarjeta la prioridad de desarrollo en su distrito y los ciudadanos votaron depositando sus monedas en las urnas. Desde entonces, el proceso ha evolucionado con la inclusión de nuevas estructuras. Una se llama "aprender sumando", en la cual se alienta a los residentes locales a formular proyectos más grandes y de mayor impacto en oposición a los proyectos más esparcidos y aislados que son comunes en los emprendimientos participativos locales. Otro aditamento importante fue un mecanismo de rendición de cuentas en el cual se alienta a los oficiales de los gobiernos local y central a visitar el distrito para presentar informes escritos sobre el progreso de los diversos proyectos.

Más allá de esta estructura participativa, Bogotá ha visto una serie de esfuerzos novedosos y creativos orientados a aumentar la participación ciudadana en una variedad de áreas. Tal vez la más conocida de éstas es la distribución de las "tarjetas del ciudadano": de un lado, estas tarjetas son blancas con una señal de "pulgares arriba" representando aprobación;

del otro lado, son rojas con los "pulgares abajo", mostrando desaprobación. Las tarjetas fueron originalmente distribuidas a conductores de vehículos en las calles de Bogotá como medio de alentar hábitos de seguridad en la conducción. Sin embargo, por su exitoso impacto, las tarjetas se expandieron con un uso más general, uno de los cuales fue el de condenar la violencia en los espacios públicos.

Otro esfuerzo fue el del desarme voluntario, mediante el cual se alentó a los residentes a entregar sus armas a cambio de un certificado gratuito para comprar regalos navideños. Las armas recogidas luego fueron fundidas para fabricar cucharas grabadas con el dicho "yo era un arma". Finalmente, una campaña llamada "110% con Bogotá" alentó a los residentes a pagar el 10% extra de impuestos municipales para aumentar el presupuesto de la ciudad.

Todos estos esfuerzos han resultado en mejoras concretas y tangibles de las condiciones de vida en Bogotá. Las muertes en accidentes de tráfico han caído de una forma aguda de un pico de 1.387 en 1995 a solamente 745 en 2001, mientras que las tasas de homicidios han visto una reducción dramática: de 4.452 en 1993 cayeron a 2.000 en el año 2001. En términos de una tasa cada 100.000 personas, Bogotá vio una reducción de 81 en 1993 a solamente 30 en 2002, colocándola bien debajo de otras ciudades del hemisferio, tales como San Pablo (56), Washington DC (62) y San Salvador (150). Pero tal vez uno de los casos más sorprendentes es el de la campaña de incremento en los impuestos que resultó en un aumento voluntario de US$500.000 en ingresos para la ciudad. Dada la fuerte tradición de evasión de impuestos en América Latina, este "aumento de los impuestos" es en verdad notable. Finalmente, cabe mencionar que en un estudio de la Oficina de Planeamiento Nacional de Colombia del año 2002, que incorpora distintos indicadores políticos, fiscales y administrativos, Bogotá alcanzó los mejores niveles entre todas las municipalidades incluidas.

En la búsqueda de un Estado que articule inclusión con participación

Llegado este punto, es importante tener en cuenta que estos casos cobran sentido en el ámbito de las experiencias políticas nacionales y en el marco de los cambios específicos de las relaciones entre Estado y sociedad. Queda claro que las reformas estatales pensadas y realizadas casi exclusivamente desde una perspectiva economicista e institucionalista son insuficientes para producir un nuevo orden estatal congruente con la globalización y con el modelo de desarrollo pensado y producido desde el ámbito público. Resulta fundamental, entonces, colocar a la política como eje de las transformaciones estatales. Desde esta perspectiva, el Estado tendría las potencialidades para transformarse en una suerte de "bisagra activa" entre la economía y la sociedad, entre la búsqueda de integración social interna y el posicionamiento de la nación en la globalización.

Este Estado como "bisagra" entre el mundo interno y externo es quizás el mejor recurso con que cuentan nuestras sociedades para impulsar procesos de desarrollo y puede ser el actor más adecuado frente al cambio moderno. En este ámbito, el espacio local o municipal puede llegar a jugar un papel fundamental en la medida que el Estado también sea una bisagra entre las redes locales nacionales y las redes virtuales de la globalización, ya que en lo regional se pueden crear con mayor facilidad que a escala nacional condiciones para una mayor productividad y competitividad de la economía. Por otro lado, también pueden existir ventajas en el fortalecimiento institucional con el desarrollo de infraestructura y tecnología adecuada; la construcción de flujos comunicacionales como caminos, redes de información, redes de intercambio de mercaderías y recursos humanos puede ser fortalecida con mayor eficiencia a escala local que a nivel nacional. Asimismo, el ámbito regional es un espacio más adecuado para lograr integración social y convivencia pluricultural, es decir, un espacio de gestión del pluralismo. Y, finalmente, lo regional resulta más eficaz y legítimo a nivel político ya que institucionalizar la deliberación es más factible a ese nivel.

El conjunto de estos factores lleva a pensar que, en una perspectiva de mediano y largo plazo, lo que está en juego no es sólo la necesidad de instituir un Estado de lo público que favorezca el desarrollo interno, sino también que este mismo Estado pueda compartir su autoridad con otros Estados para poder obtener un lugar en el mundo moderno. Y aquí el tema es de nuevo el de la política a escala global; son imprescindibles sistemas de alianzas abiertas e inéditas, pues es posible que la soberanía estatal se redefina en nuevos campos de acción y en un contexto altamente internacionalizado. Pero para que esa redefinición tenga un sentido social, es importante recolocar a la política, y en especial a la política deliberativa, como la principal fuerza vinculante entre Estado, sociedad y economía, y entender, de una vez por todas, que se necesita un Estado fuerte, y ojalá pequeño, que sólo será posible si la sociedad misma es fuerte. En este ámbito, la descentralización constituye uno de los factores potenciales de fortalecimiento de un espacio público desde donde se podría generar una cultura cooperativa entre Estado y sociedad.

Capítulo VI
Camino a un nuevo orden estatal y público

A lo largo del siglo XX, la construcción de la identidad predominante en América Latina se asoció con un proyecto de Estado-nación según el cual la nación se construía en torno a un Estado identificado con el pueblo, pues éste era el principal estímulo de los procesos de progreso social. Más allá de las múltiples diferencias y particularismos en la región, los diversos actores del desarrollo tenían un parámetro de orientación de sus distintos proyectos de progreso que giraban alrededor de la soberanía del Estado nacional. Más adelante, en los años 1980, y especialmente con los procesos de estructuración y cambio de la década de 1990, el Estado se desprendió de la nación y de manera progresiva tendió a convertirse en un mero agente de los procesos de globalización. En la medida que esto sucedía, se rompieron las alianzas sociales originales entre los sectores medios, el mundo popular y el Estado, y se creó una suerte de crisis de identidad nacional expresada como un resquebrajamiento de un principio básico de cohesión social. Así empezó a operar un lento y complejo proceso de deterioro de legitimidad del proyecto de Estado-nación.

De un modo correlativo a la crisis, a partir de los años 1980 se inició un proceso de democratización que buscaba conjugar la consolidación de la democracia como régimen y el desarrollo de nuevas formas de organización democrática de la vida cotidiana. El problema es que este proceso no logró consolidarse, en gran parte por la debilidad que mostró el Estado para satisfacer una serie de derechos ciudadanos mínimos. Como resultado, la legitimidad del régimen democrático se vio seriamente afectada, al punto que hoy constituye uno de los principales problemas para la evolución de la democracia en la región. Hace años insistimos en el papel fundamental que podrían tener las matrices sociopolíticas nacionales frente al cambio global. De forma cabal, como se mencionó en capítulos anteriores, donde las matrices fueron más sólidas y el Estado mantuvo una mayor autonomía, los resultados fueron de una adaptación más creativa y menos subordinada a la lógica cerrada de los mercados.[104]

La crisis se debió principalmente a una subordinación de lo político a favor de una lógica de mercado internacional, un vacío político producido por un proceso de subordinación de lo político y lo social al dinamismo de la economía de mercado. Sin embargo, esto no quiere decir que el Estado no se haya reformado. El problema, en la mayoría de los casos, es que los cambios operaron desde la impronta estatal patrimonial-corporativa, generando así una suerte de Estado "híbrido" que combinó formas modernas de funcionamiento estatal –sobre todo en el área de la economía– con formas patrimonial-burocráticas en su relación con la sociedad. Aparentemente, se ha cambiado para mantenerse igual.

En América Latina, el Estado fue el principal agente, mediante las reformas estructurales, de vinculación de la región con los procesos de globalización. El resto de los actores sociales y buena parte de los actores empresariales tuvieron más bien un rol pasivo, pues estaban más interesados en mantener sus privilegios que en insertarse en los procesos de reestructuración y transformación empresarial moderna. El resultado general fue una inserción dependiente, limitada y pasiva en los procesos de globalización, ya que, como contraparte, los cambios vinculados a la participación en el plano de la tecnoeconomía y en

---

[104]   Calderón y Dos Santos (1991).

el nuevo dinamismo de la sociedad-red en la era de la información fueron dependientes y restringidos.

Vale la pena señalar que es tan cruda esta crisis en varios países de la región que ni siquiera los umbrales mínimos de la funcionalidad estatal –la protección física de los ciudadanos, la gobernabilidad interna de los aparatos del Estado e incluso la protección de las mismas autoridades estatales– están garantizados para el conjunto de la sociedad. Las situaciones de crisis de Estado que hemos visto, para no hablar de la creciente influencia de los poderes fácticos, sobre todo el referido al narcotráfico, son claros ejemplos de que la falta de esta garantía del Estado puede devenir en el colapso del orden democrático. Ahora, este déficit de estatalidad y los recientes cambios en curso han vuelto a colocar al Estado y a la relación entre democracia y desarrollo en primer plano. Queda claro que existe la necesidad de generar una suerte de círculo virtuoso entre inclusión y bienestar social, por una parte, y participación ciudadana, por otra. En ambos casos, el Estado podría jugar un papel estratégico en la medida que se constituya un renovado espacio público. Resulta pues ineludible plantearse nuevas formas de organización estatal asociadas con políticas de recreación del sistema político. En realidad, los casos más interesantes de la región, como el chileno, el uruguayo y el brasileño, están asociados por una crucial importancia del Estado en su relación con el mercado y la sociedad. Y si bien los logros han sido insuficientes, las ventajas han sido significativas, por lo menos en relación con la disminución de la pobreza y el crecimiento económico.

La importancia del espacio público

Las preguntas sobre un nuevo orden estatal nos llevan a plantear la problemática de la articulación entre Estado, actores sociales y sistema político. El Estado en un sistema democrático tendría que estar cada vez más sometido a las demandas políticas de la sociedad y de sus actores, que progresivamente provendrían de un sistema de decisiones de políticas públicas. De este modo, el Estado tendría nuevas formas de comunicación con la sociedad civil a través del sistema político. En este sentido, en primer lugar, es importante que el Estado no cierre en forma absoluta las decisiones, no se cierre sobre sí mismo ni organice de forma monopólica la vida social. Con este fin, es necesario que el Estado se dote de una red de instituciones de derecho público que, sin ser mecánicamente estatales, aseguren su funcionamiento y el del mercado mismo. Esta reforma abarcaría no sólo la redefinición de los ámbitos clásicos de la intervención estatal, sino también el desarrollo de nuevos instrumentos institucionales, como entes reguladores, comisiones antimonopólicas y agencias de defensa del Estado, entre otros.

Se trata, en definitiva, de constituir un nuevo Estado en función de lo público, un Estado que genere condiciones para que la sociedad se desarrolle y busque la deliberación y la integración de los ciudadanos –independientemente de sus condiciones socioculturales– en una sola comunidad política, y que a la vez tenga por meta que estos ciudadanos puedan convivir con una responsabilidad nacional compartida. Y convivir hoy en América Latina significa, ante todo, eliminar las jerarquías sociales y buscar redefinir de modo colectivo la idea de justicia social.

El desafío consiste en no confundir más poder político con poder del Estado. El desafío está ahora en valorizar al sistema político como la instancia posible de creación de un espacio público, no meramente estatal ni puramente privado, que ante todo sea un espacio de manifestación de conflictos, donde la sociedad exprese al mismo tiempo su unidad y diversidad. Esta idea supone un retorno a la idea republicana de espacio público como bien común, como lugar de "encuentro" de los ciudadanos, en el que se debate y se genera opinión pública, y donde los ciudadanos participan de la política.[105] Es, ni más ni menos, el lugar donde se discuten las prioridades y metas de una sociedad.[106]

En esta línea, los temas vinculados al ejercicio político, a la libertad como bien colectivo, a la deliberación, al logro de acuerdos, y a una socialización ciudadana permanente, constituyen asuntos que encuentran en el espacio público un ámbito democrático de manifestación. Lograr esto no es sencillo, ya que la política se enfrenta con enormes dificultades para afrontar los cambios. Bien, con más razón entonces es preciso recuperar la autoridad de la política y hacer hincapié en su capacidad creadora de espacios públicos.

Parece necesario idear y construir una forma de asociación política que rescate su dimensión ética, a partir de la cual se cree una relación entre los participantes que permita hablar de un espacio público compartido y que

---

[105] En este sentido, Viroli señala que la idea de virtud cívica se refiere a "una virtud para hombres y mujeres que quieren vivir con dignidad y, sabiendo que no se puede vivir dignamente en una comunidad corrupta, hacen lo que pueden y cuando pueden, para servir a la libertad común: ejercen su profesión a conciencia, sin obtener ventajas ni aprovecharse de la necesidad o debilidad de los demás; basan su vida familiar en el respeto mutuo, de modo que su casa se parece más a una pequeña república que a una monarquía...". (Bobbio y Viroli, 2002). Ver también Manin (1987).

[106] Habermas (1998) reflexiona sobre la autonomía del espacio público, más allá de las instituciones del Estado, y enfatiza que sirve como foro para el debate sobre las normas públicas. Benhabib (1996) cuestiona la posición de Habermas en tanto este autor no abordaría el tema de la diversidad en el espacio público, y sostiene que las decisiones que allí se tomen se planteen como separadas de los ámbitos institucionales de toma de decisiones. Según Benhabib, los ámbitos del debate público y de la toma de decisiones deben ir juntos, pues, de lo contrario, se fortalece la separación entre lo sustantivo (que se da en el espacio del debate) y lo instrumental (que se da en el ámbito de la toma de decisiones).

integre la dimensión ético-normativa de la política sin omitir su carácter pragmático, generador de poder y de condiciones para el desarrollo. Se trataría de crear una comunidad política de diferentes donde la identidad se establezca a través de compartir reglas que organicen la relación civil entre actores y ciudadanos que, de otro modo, estarían preocupados por sus proyectos particulares. Esta forma moderna de comunidad política se sustenta en un vínculo dado por un interés público común; no tiene una forma predefinida ya que se construye de manera constante.[107] Pero esto no significa que el régimen democrático tenga garantías intrínsecas para profundizarse a sí mismo: sólo la representación y participación ciudadana pueden conducir a una tendencia hacia la igualdad social que profundizaría la democracia.[108]

En sociedades cada vez más globales, con mutaciones constantes, resulta fundamental una visión más dinámica de la ciudadanía, una visión centrada en la ampliación permanente del espacio público en donde se pueda debatir y elaborar los problemas a escala local, nacional o global, según se vayan presentando. En este sentido, un desafío político clave es superar la naturaleza desintegrada de la ciudadanía, es decir, su irregularidad y asincronía que producen tensiones y frustraciones que inhiben el avance de una comunidad de ciudadanos, una comunidad donde un tipo innovador de democracia y desarrollo se hagan presentes como resultado del intercambio distinto de opciones. Para ello resultaría fundamental reconocer el papel

---

[107]   Mouffe (1996). Ver también PNUD-PRODDAL (2004: 195).

[108]   Los cambios necesarios para hacer posible la sostenibilidad del régimen democrático deberían provenir de la interacción de la sociedad y el sistema institucional. Cabe señalar que esa interacción no está exenta de conflictos. Toda sociedad necesita apelar, a la vez, al orden y al conflicto; el manejo de la tensión entre ambos es lo que permite avanzar en democracia.

de la ciudadanía política como portadora de una "igualdad compleja" que permita avanzar en otros planos,[109] pues la ciudadanía implica la existencia de una igualdad básica dada por el solo hecho de pertenecer a una comunidad política, de compartir un mismo espacio público.[110] Y ello supone que todos los individuos, en tanto ciudadanos, tienen los mismos derechos y deberes.

Ciudadanía y desarrollo humano

Desde una perspectiva normativa, la libertad, de acuerdo con Sen, se entiende como la capacidad de las personas de optar por el tipo de vida que desean vivir según sus valores y aspiraciones, y de evaluar, e incluso asumir, otras opciones.[111] Este concepto se respalda en la idea de que la diversidad es un valor intrínseco de la libertad, y que la igualdad, que reúne libertades diversas, es un producto de ella, porque supone e implica las libertades de todos. En este sentido, el desarrollo y la democracia deben ser decididos por todos en un nuevo espacio público donde los ciudadanos "construyan" ambos.

---

[109] La idea de "igualdad compleja" de Walzer supone que existen diferencias en los otros planos de la vida social pero que, en el plano político, en la ciudadanía, habría un elemento de igualdad que permitiría avanzar. Sen retoma la idea de libertad como fuerza que potenciaría la igualdad y posibilitaría el desarrollo (Walzer, 1993). Para mayor detalle véase también el Capítulo I del *Informe sobre Desarrollo Humano 2005* (UNDP, 2005).

[110] Como plantea Schnapper (1994: 14), en "toda nación democrática, la política instituye lo social. [...] La ciudadanía, en ese sentido, no fue solamente un atributo jurídico y político, [sino] el medio seguro de adquirir estatus social, la condición necesaria -incluso si ella no era concretamente siempre suficiente-, para que el individuo pudiera ser plenamente reconocido como un actor en la vida colectiva".

[111] Sen (1999).

En los regímenes democráticos esta comprensión del ser humano como actor se asocia estrechamente a la noción de ciudadanía: ser ciudadano implica estar incluido en una red de relaciones sociales que permitan actuar, reproducirse y también cambiar. Supone a la vez no olvidarse de que se forma parte de un tejido social y cultural, es decir, de una colectividad de ciudadanos. En una perspectiva democrática, la inclusión social y el reconocimiento deben entenderse como un proceso relacional de construcción de una "comunidad de ciudadanos", en la cual, para poder actuar e incidir en su vida, los grupos excluidos tendrán que poder transformar sus necesidades y derechos en demandas institucionales y en pautas de acción y desarrollo.[112]

Relacionado con la noción de ciudadanía, el enfoque de desarrollo humano coloca el acento en las capacidades de las personas más que en el mercado o el Estado como eje del desarrollo. Esta visión supone que la sociedad y las personas que la conforman constituyen el centro de toda reflexión sobre el desarrollo humano. Por encima de cualquier factor, entonces, aquí interesa el ser humano devenido actor, es decir, el ser humano abierto a la acción creativa, y dotado de voluntad y capacidad para transformar su relación con los otros, con su entorno y consigo mismo. Este actor puede ser individual o colectivo; sin embargo, lo individual se puede construir como una opción colectiva

---

[112] Para una teoría de la "comunidad de ciudadanos", véase Schnapper (1994). En el informe *La democracia en América Latina* se afirma: "Se trata de discutir cómo se puede avanzar hacia una ciudadanía integral, lo que supone poner en el centro a la política como forma de que el ciudadano, y más precisamente la comunidad de ciudadanos, pueda participar en decisiones sustanciales. La globalización es un dato, pero no se trata pura y exclusivamente de admitir que todo lo que ocurre como consecuencia de la transformación tecnológica y de la expansión de los mercados debe aceptarse sin reflexión y sin acción" (PNUD-PRODDAL, 2004: 195).

y las identidades colectivas pueden resultar de la deliberación entre individuos.

El desarrollo humano es, pues, un enfoque que busca el incremento de las capacidades de los actores para
que construyan su libertad y decidan, en función de sus
valores y aspiraciones, el tipo de vida que desean tener.
Precisamente por esto, la inclusión y la exclusión en sociedades tan diversas como las actuales son temas cruciales
para el desarrollo de las personas y sus sociedades. La
inclusión supone condiciones de vida decentes para todos
y también supone reconocer las diferencias en muchos
planos, pero construyendo un plano de igualdad política y
jurídica en el que las distintas libertades se puedan desarrollar. Supone, ni más ni menos, el ejercicio político, social y
civil del ciudadano. Por eso, bajo regímenes democráticos,
el ciudadano es el sujeto y el objeto del desarrollo y de la
democracia misma.

Hoy, los enfoques sobre ciudadanía y desarrollo humano tienen que responder de manera específica y con
nuevos códigos a los cambios, y además, orientarse adecuadamente para poder aprovecharlos según la dirección,
intensidad y pertinencia que tengan a escala nacional y
regional. La situación actual de América Latina frente a la
globalización requiere actores políticos y sociales que sean
capaces de orientar los nuevos procesos en un contexto
tan difícil como el que venimos describiendo. Desde los
ámbitos donde se genera política democrática debería
ser posible contrarrestar los efectos excluyentes de la
globalización, y esos ámbitos deberían a su vez fortalecer
la democracia. Por supuesto, el logro de mayor desarrollo
democrático requiere representación y participación de
los distintos actores en la toma de las decisiones que
incidan en el desarrollo de sus sociedades. Se necesita,
por lo tanto, actores que puedan construir un desarrollo
humano con inclusión.

A nuestro juicio, en los países latinoamericanos es posible impulsar una democracia de ciudadanos asociada con niveles progresivos de equidad y dinámicas eficaces de lucha contra la pobreza. Esto implica avanzar en la construcción de una ciudadanía centrada en los derechos civiles, políticos, sociales y culturales, en la que el Estado juegue un rol estratégico en la formación de actores autónomos y en la recreación de una conciencia de nación y de región en el marco de la globalización. La política, mientras tanto, podría potenciarse equilibrando lo económico y lo social, la igualdad y la diferencia, con plena conciencia de que los cambios toman tiempo y exigen consistencia y sentido de justicia.

Es importante aclarar que una perspectiva de fortalecimiento de los derechos sociales y culturales no implica soslayar los derechos civiles y políticos. Por el contrario: un enfoque integrado supone una interacción entre sus componentes, donde lo político-institucional viabiliza lo social, y donde, inversamente, los avances en lo social legitiman lo institucional. Por lo tanto, en la medida que los actores y las instituciones expandan su capacidad de innovación y adaptación a los cambios sociales y globales, las amenazas percibidas respecto de esos cambios podrán ir revirtiéndose a favor de una percepción de nuevas opciones y potencialidades.

Un punto central, entonces, es la capacidad de acción de la ciudadanía y de las instituciones de la democracia para resistir mejor los riesgos y manejar mejor las oportunidades y los desafíos que plantean los procesos de cambio global. Responder a las preguntas sobre ¿cómo se posicionará a sí misma la ciudadanía social en sociedades altamente internacionalizadas, organizadas en función del conocimiento y la información, y donde los fuertes mecanismos de diferenciación social tienden a reforzar la desigualdad preexistente? ¿Cómo construir ciudadanía cuando se está redefiniendo un orden multicultural altamente conflictivo y que excluye política y económicamente a los grupos más débiles? Y desde la perspectiva de la ciudadanía, ¿cómo se redefinirán los ya limitados mecanismos de cohesión social, dado que las instituciones encargadas de la socialización, como la familia y la escuela, manifiestan serios problemas de reproducción social?

Sin duda, el proceso democrático actual requiere el fortalecimiento de una ciudadanía activa mediante la puesta en práctica de una política consistente generadora de poder democrático. La ciudadanía activa implica combinar complementariamente libertad e igualdad, pero el régimen político no garantiza por sí mismo la evolución de la sociedad en este sentido: son las prácticas y orientaciones de los actores las que pueden profundizar la democracia. No se trata de crear nuevas instancias, sino de que los Estados estén dispuestos a tratar políticamente estos temas. Se trata de reconstruir tanto la nación como la región de manera tal que se fortalezcan y complementen entre sí. Para esto es clave que se genere un marco respetuoso de la diversidad entre los distintos países y en el interior de ellos mismos. El capítulo que sigue habla de ello.

Capítulo VII
Movimientos culturales y la emergencia
de una nueva politicidad

A partir de la década de 1980, ante la crisis económica y la reemergencia de la democracia en la región, la sociedad generó espacios novedosos de acción colectiva a través de movimientos y organizaciones sociales diversas que, aunque fragmentados, expresaron demandas puntuales al tiempo que crearon nuevos espacios de discusión de propuestas que aspiraban a mejorar la calidad democrática y a lograr mayor inclusión social en los procesos de desarrollo.

Estos movimientos sociales surgieron con demandas más vinculadas a la revalorización de la democracia en la vida cotidiana que a la consecución de grandes proyectos históricos. Entre ellos, es posible destacar movimientos feministas, de derechos humanos y de ética en la política, de orientaciones democráticas y participativas del movimiento obrero, movimientos de comunitarismo urbano como las Comunidades Eclesiales de Base, de jóvenes, étnicos y religiosos, entre tantos otros.[113] Más allá de las distintas orientaciones de estos movimientos, en definitiva todos pugnaban por un cambio y, muchas veces, sus demandas se superponían. Como dijimos con Elizabeth Jelin, "en general, los movimientos sociales no tienen fines predeterminados, los redefinen en el propio conflicto".[114]

Cabe mencionar que estos nuevos campos conflictivos quizá ya remitían al problema de la construcción de un nuevo orden societal:

---

[113] Para un análisis compartido de dichos movimientos en América del Sur, ver Calderón (1986; 1995), Sherer-Warren y Krischke (1987) y Grzybowski (2004).

[114] Calderón y Jelin (1987: 25). Ver especialmente Touraine (1999).

Una característica propia de América Latina es que no existen movimientos sociales puros o claramente definidos, dada la multidimensionalidad no sólo de las relaciones sociales, sino también de los mismos sentidos de la acción colectiva. Por ejemplo, un movimiento de orientación clasista probablemente esté acompañado por sentidos étnicos y de género que lo diferencian y asimilan a otros movimientos de orientación culturalista con contenidos clasistas. Así, los movimientos sociales se ven nutridos por múltiples energías que incluyen en su constitución desde formas orgánicas de acción social por el control del sistema político y cultural, hasta modos de transformación y participación cotidiana de autoproducción societal.[115]

Sin embargo, el panorama cambiaría en la década siguiente. Debido a las derrotas políticas de varios gobiernos progresistas, al impacto de las reformas económicas y a la hipervalorización del mercado generada por las políticas neoconservadoras, estos movimientos se debilitaron, especialmente en los países donde las reformas estructurales se aplicaron de manera más ortodoxa. En esos años en los que el consumo pasó a ser un referente fundamental en el imaginario social y en los que se expandió una cultura individualista basada en una ideología de ganadores y perdedores, la sociedad y sus actores perdieron fuerza para intervenir en las opciones del desarrollo y la democracia. En este sentido, quizás el fenómeno más dramático fue el de los mineros y sus sindicatos en Bolivia que, de constituir un referente de transformación social, pasaron a sucumbir bajo el poder político, produciendo consecuencias nefastas para los propios trabajadores y para el conjunto de la sociedad.

Finalmente, en la primera década del nuevo milenio, los foros sociales regionales primero y los globales después, promovidos desde la experiencia de Porto Alegre, fueron importantes reflejos de un cambio que volvía a percibirse en

---

[115]   Calderón (1986: 332).

la región. Así, a partir del año 2000, empezaron a expandirse acciones colectivas de nuevo tipo, como el movimiento indigenista en Ecuador, las protestas sociales en Argentina y Bolivia o los movimientos zapatistas en México, entre otros. Estos casos constituyen nuevas acciones colectivas con una clara impronta cultural que, al tiempo que cuestionan los nefastos resultados de exclusión producidos por las reformas estructurales, plantean nuevas demandas de reconocimiento cultural y manifiestan el surgimiento de una nueva politicidad en la región, sobre todo en los movimientos de jóvenes. Esta politicidad se refiere a nuevas formas de hacer política que combinan la dinámica de la fuerza cultural y el creciente uso de las nuevas tecnologías de comunicación, no como meros instrumentos, sino como espacios renovados de intercambio y de socialización en la red; estos espacios resultan tan importantes que los cambios mencionados serían impensables sin ellos.

Para entender el surgimiento de esta nueva politicidad es indispensable volver a mencionar que la expansión de la industria cultural trajo aparejada una enorme exposición de los cambios globales a escala local, sobre todo en el plano de la identidad cultural. En la década de 1990, los conflictos culturales, como afirma el *Informe sobre Desarrollo Humano 1994*, pasaron a ser predominantes a escala global, hecho que se reflejó como nunca en los medios masivos de comunicación y en la vida cotidiana de las personas. Así, el mundo vio cómo se desmoronó la Unión Soviética y cómo se expandieron nuevas y viejas religiones y nacionalidades; o pudo ser testigo de que Chiapas nunca estuvo más cerca de Cochabamba y los obreros de las automotrices brasileñas de sus pares sindicales japoneses. En definitiva, con la comunicación global y con la exposición de las nuevas protestas a escala global, todo cambió, entre otras cosas los incipientes movimientos antiglobalizadores que dieron lugar a francos movimientos alterglobalización que comunicaban una explosión cultural experimentada prácticamente en todas partes: migrantes africanos en Europa plantearon los problemas de otredad de una manera completamente nueva, colocando a las democracias europeas ante un asunto que aún no pueden resolver; el islamismo emergió como una cuestión global y los problemas surgidos por el cambio climático empezaron a ser evidentes para todos, por los desastres ambientales reflejados al mismo tiempo en las pantallas de todo el mundo.

En este contexto, hay un hecho particularmente importante referido a la multiplicación de ONG en el conjunto de la región. Ellas participan de un proceso de expansión de las libertades y opciones sociales, pero también conllevan nuevas formas de poder y dependencia social. Son una suerte de organizaciones con carácter paraestatal, principalmente en sociedades con Estados débiles y baja cohesión social. Las ONG son resultado del nuevo orden global emergente. Muchas veces, estas organizaciones de la sociedad civil "semiestatal" buscan y logran reemplazar a los actores sociales y políticos, conformando una nueva forma de poder civil que está presente como un factor crucial de la realidad política y económica de la región.[116]

En este mundo globalizado, un hecho singular parece tener crucial importancia: un mayor espacio de libertad personal se traduce en múltiples demandas colectivas en función de valores de autonomía personal. Como dije hace un tiempo: "Los latinoamericanos ya no están parados frente al progreso, están parados en medio de un laberinto. Son más libres, pero están más solos".[117] De este modo, quizá por primera vez en la región, las orientaciones colectivas de los actores, sobre todo las de los jóvenes, empiezan a

---

[116]   Ver Sorj (2007).
[117]   Calderón (1995).

valorar la construcción de la autonomía personal como un bien colectivo y viceversa: las orientaciones y los valores colectivos también empiezan a valorar la autonomía de los actores individuales.

Hoy en día, las demandas se extienden a los ámbitos culturales más variados, por la facilidad para darse a conocer que los medios y la sociedad de la información otorgan. Y, sin embargo, estos actores muchas veces no logran construir una respuesta efectiva a la crisis global ni a la crisis de la política, pues su desarticulación y singularidad les impide juntar la fuerza necesaria tanto para plantear una visión más integral de las sociedades en el mundo actual, como para asumir la profundidad de los cambios. De ahí la importancia crucial y estratégica de la coordinación y el intercambio cultural que supone una auténtica democracia deliberativa.

Por supuesto, existen peculiaridades, como el movimiento alterglobalización, o los casos del Partido de los Trabajadores (PT) en Brasil y del Movimiento al Socialismo (MAS) en Bolivia.[118] Estos partidos, constituidos gracias a la coordinación de diversos movimientos sociales que buscaron institucionalizarse y que actualmente gobiernan sus países, plantean una serie de temas referidos tanto a la vinculación entre transformaciones sociales y al cambio democrático, como a la autonomía de tales movimientos frente al poder estatal. ¿Es posible articular cambio democrático con cambios en las estructuras sociales de poder? ¿Es posible una diferenciación entre la dinámica de la acción colectiva, la partidaria y la estatal? A nuestro entender, la lógica de la diferenciación funcional y social supone,

---

[118]   Sobre el movimiento antiglobalización expresado en el Foro de Porto Alegre, ver Grzybowski (2004a). En cuanto al caso boliviano, se trataría de un proceso en el que movimientos etnoculturales buscan institucionalizarse en el poder del Estado.

también en estos casos, nuevas formas de coordinación y deliberación democráticas.

Son tan variados estos movimientos que es difícil recorrerlos todos aquí. Tampoco es esa la intención. Se optó, en cambio, por seleccionar algunos ejemplos que representan distintos reclamos, diversa composición y diferentes orígenes de sus demandas, pero que, sin embargo, tienen algo en común: son voces emergentes que se escuchan cada vez con más fuerza y que plantean nuevas formas de sociabilidad y de cambio político.

Movimientos de participación femenina

Incluir a los movimientos feministas dentro de los "nuevos movimientos socioculturales" esconde una paradoja. Por un lado, es un movimiento que responde a la dominación estructural y milenaria de las mujeres por parte de un poder patriarcal, y en este sentido, es necesario recordar que el patriarcado como orden de género es anterior al capitalismo que dio origen al movimiento, anterior a la conquista e incluso anterior a los movimientos indígenas. Por otro lado, sin embargo, se trata de un movimiento que al menos en los tiempos modernos fue capaz de renovarse ante cada nuevo ciclo histórico. Eso parece ocurrir hoy en nuestra región.[119]

De acuerdo con la CEPAL, las mujeres en América Latina son las protagonistas de uno de los mayores cambios culturales de la historia. La igualdad ha avanzado a paso lento, por lo que a pesar de los drásticos y probablemente irreversibles cambios producidos en las familias, el mundo del trabajo y la vida política, el malestar de las mujeres en la región ha puesto al descubierto la brecha

---

[119]   Montaño y Sanz (2009).

entre su aporte a la sociedad y el reconocimiento que por ello reciben.[120]

En nuestra región, las mujeres no sólo tienen un estatus socioeconómico menor que los hombres, sino que además no tienen las mismas oportunidades; esto, para el que quiera verlo, es un hecho evidente. A pesar de los avances registrados en materia de políticas públicas y participación política, la equidad de género se encuentra lejos todavía de constituirse en una característica en las sociedades latinoamericanas. Y aquí es necesario considerar que este no es un asunto que concierne exclusivamente a las mujeres: la equidad de género es un indicador fundamental del grado de democracia de un sistema político, y es, ante todo, una muestra de las desigualdades que persisten hacia el interior de nuestras sociedades.

La igualdad en la diferencia involucra la calidad de la democracia en cuanto a su capacidad para reducir la brecha entre el discurso sobre la igualdad de derechos y la capacidad real de alcanzar la igualdad de opciones para los ciudadanos y las ciudadanas de un país. Tomando como referencia tan sólo el tema de la paridad de género en la política, la evidencia empírica nos muestra que, si bien la participación política de la mujer en la región se ha incrementado, aún sigue siendo muy baja. Aunque en Argentina, Bolivia, Brasil, Ecuador, Honduras, México, Panamá y Perú se han establecido cuotas que determinan un nivel mínimo de representación para las mujeres, en las listas partidarias de elecciones legislativas (de entre el 20 y el 40%), sólo en Argentina la participación relativa de la mujer en el Parlamento es superior al 30%. En los demás países, mientras tanto, este porcentaje oscila entre 23% (México) y 6% (Honduras).[121] (Aunque vale la pena recor-

---

[120]   CEPAL (2007).
[121]   CEPAL (2006).

dar que actualmente son presidentas quienes encabezan los gobiernos de Argentina y Brasil, y que hasta enero del 2010 lo mismo ocurría en Chile).

Claro que no es fácil avanzar en este sentido. Para alcanzar una mejor distribución en las decisiones políticas, las mujeres y los movimientos de género deben superar múltiples y complejas barreras, sobre todo culturales, que tienen que ver con la vida cotidiana y que muestran desigualdades establecidas desde el surgimiento de nuestras sociedades, con fuertes culturas machistas y patriarcales arraigadas en el alma misma latinoamericana.

Por ejemplo, un obstáculo importante para el desarrollo político de las mujeres radica en que muchas son jefas de hogar o siguen siendo las principales responsables por el cuidado del hogar y de los hijos. En este sentido, mientras en los hogares no exista una distribución más equitativa de las responsabilidades domésticas y no se implementen políticas públicas a favor de la familia, los costos de lograr una carrera política y cumplir con las responsabilidades familiares seguirán siendo excesivamente altos para muchas mujeres.[122]

Otro problema clave que concierne a la vida cotidiana es el de la violencia de género. "La violencia de género constituye una violación sistémica y sistemática de los derechos humanos de las mujeres, así como un impedimento al desarrollo económico, social y democrático en todos los países", sostiene la ONU.[123] Precisamente este tema quizá se haya convertido en la principal demanda de las mujeres de origen popular y se ha expandido como preocupación a toda la sociedad.

En agosto de 2006 se sancionó en Brasil la Ley Maria da Penha, ícono de la lucha contra la violencia hacia la

---

[122]   Buvinic y Roza (2004).
[123]   ONU (2006), citado en Montaño y Sanz (2009: 95).

mujer.[124] Esta ley constituye un gran avance en la lucha de las mujeres y la sociedad por el derecho a una vida libre de violencia. La norma determina que el Estado debe crear mecanismos para inhibir la violencia en el ámbito de las relaciones familiares, establece cambios tanto en la definición de los crímenes de violencia contra la mujer como en los procedimientos judiciales y de la autoridad policial, define la violencia doméstica como una de las formas de violación de los derechos humanos, modifica el Código Penal y permite que los agresores sean detenidos en delito flagrante, debiendo cumplir prisión preventiva cuando amenacen la integridad física de la mujer, así como asistir a programas de recuperación y reeducación. Además, prevé inéditas medidas de protección para la mujer y sus hijos si sus vidas están en riesgo, como el alejamiento del agresor del domicilio y la prohibición de aproximarse a él.[125]

Sin embargo, a mi entender, la dinámica más avanzada de estos movimientos se encuentra en aquellos que no sólo buscan alcanzar la paridad, sino también cambiar un patrón de poder cultural que coloca el acento en la mutación cultural de una forma de vivir. "El papel central, en consecuencia, del movimiento feminista es la redefinición o resignificación de la realidad, es decir, la subversión de los códigos culturales dominantes como una de sus prácticas fundamentales".[126]

En este contexto, sobresale la capacidad de acción de las mujeres jóvenes que, a pesar de experimentar una serie de

---

[124] La ley lleva el nombre en honor a la protagonista de un caso emblemático de violencia doméstica y familiar contra la mujer. Se trata de una mujer que luchó diecinueve años para que la Justicia condenara a su ex marido, que intentó asesinarla en dos oportunidades. Ver disponible en línea: http://www.reddejusticia.org.co/documentos/adital_ combate_violencia_mujer_febrero_2007.pdf

[125] Montaño y Sanz (2009).

[126] *Ibíd.*, 83.

discriminaciones en el plano del trabajo y las remuneraciones –y sobre todo en los mundos subjetivos regidos por patrones culturales machistas–, están expandiendo sus capacidades de acción tanto a nivel colectivo como individual. Un reciente estudio sobre jóvenes en el MERCOSUR demostró que las mujeres jóvenes tienen una mayor capacidad que los hombres para reaccionar ante la percepción de injusticias y desajustes entre aspiraciones y logros, como también tendrían una mayor capacidad para vincular metas y problemas con resultados. Es decir, parecería que las mujeres están expandiendo, independientemente o a pesar de sus condiciones socioeconómicas, su capacidad de acción tanto en el plano individual como en el colectivo. Sorprende también que su capacidad de ejercicio de una ciudadanía activa, que combina demandas de reconocimiento y de distribución, sea relativamente mayor. De este modo, podemos decir que la fuerza más novedosa y creativa de la acción colectiva se estaría generando, al menos en el MERCOSUR, entre las mujeres jóvenes. Por ello es necesario recordar que los actores jóvenes tendrían entre las actrices su principal capital de renovación y cambio cultural.[127]

Movimientos ecologistas

Los primeros grupos ecologistas aparecieron en los años 1970 en las ciudades más industrializadas y tecnologizadas, pues es precisamente allí donde más se ha sentido la necesidad de revisar un progreso basado en la destrucción del ecosistema global.[128] En términos más recientes, en los países

---

[127]   PNUD (2009b).

[128]   "Todo retorno a la naturaleza había sido percibido en la historia occidental moderna como irracional, utópico, en contradicción con las evoluciones 'progresivas'. De hecho, la aspiración a la naturaleza no remite solamente al mito de un pasado natural perdido; remite también a los seres que se sienten oprimidos en un mundo artificial y abstracto. La reivindicación

en desarrollo ha crecido el debate en torno a este tema, y en especial, en torno a cómo revertir el vínculo perverso entre pobreza y degradación ambiental. Ejemplos de esta preocupación son la Conferencia de Río de 1992 y la Agenda 21, eventos en los que se vinculó la crisis del ecosistema global a las inequidades de un mundo en el que coexisten altos niveles de pobreza con patrones de consumo excesivos basados en la depredación del ambiente.

En la primera década de este milenio se viene escuchando cada vez con más fuerza el surgimiento de una suerte de "conciencia ambiental". La reciente y fallida cumbre de Copenhague fue seguida por millones de personas en todo el mundo; la difusión masiva del documental del ex candidato presidencial estadounidense Al Gore sobre el cambio climático, *Una verdad incómoda*, expuso los problemas del cambio climático que, catástrofes ambientales mediante, ya son claramente visibles a nivel mundial. Así, el tema ecológico ha pasado a estar entre las principales preocupaciones actuales a nivel global, no sólo por los problemas ecológicos específicos, sino especialmente porque este tema expone como pocos los conflictos derivados de la cara oscura de la globalización, es decir, de la desigualdad.

En este sentido, los movimientos ecologistas son en particular interesantes porque tienen de forma intrínseca una carga antisistémica, ya que apuntan al centro del capitalismo, es decir, al patrón consumista como estilo de vida, responsabilizando por ello en mayor medida a los países desarrollados por la destrucción progresiva del ecosistema global. Roberto Guimaraes apunta que las responsabilidades no son globales y equitativas para todos:

---

de la naturaleza es una de las reivindicaciones más personales y más profundas que nace y se desarrolla en los medios urbanos más industrializados, tecnologizados, burocratizados, cronometrados" (Morin, 1990: 180. Traducción del autor).

Los países desarrollados deberían asumir una mayor responsabilidad pues ellos han dañado más fuertemente el ecosistema global, aunque sean ahora quienes desean distribuir "equitativamente" los costos de ese desarrollo del cual disfrutan. Los datos son contundentes: mientras que los países desarrollados con el 20% de la población mundial se apropian del 80% de los recursos naturales y son responsables del 75% del total de emisiones contaminantes, los países en vías de desarrollo, con el 80% de la población mundial, se apropian del 20% de los recursos y son responsables del 20% de la contaminación.[129]

Reforzando esta idea, mientras que los países desarrollados tienen la posibilidad –por su propio nivel de desarrollo– de aliviar problemas ambientales, los países en vías de desarrollo –especialmente los más pobres– están agotando sus recursos naturales por una cuestión de supervivencia, perjudicándose de esta manera enormemente en el largo plazo. Es por esto que la relación entre pobreza y daño ambiental constituye una de las preocupaciones centrales vinculada a la crisis del ecosistema global, pues se trata de un círculo vicioso que genera más pobreza y deterioro ambiental, en el cual el uso indiscriminado de los recursos naturales sobre los cuales la población empobrecida ejerce presión por cuestiones de supervivencia hace que dichos recursos disminuyan para las próximas generaciones, lo que a su vez hace aumentar la pobreza. En este contexto, si bien América Latina participa de manera marginal en el deterioro ambiental, vive los efectos del mismo de forma contundente.[130]

---

[129] Véase Guimaraes (1996: 61). Ver también *Informe sobre Desarrollo Humano 2008*.

[130] "Sólo para dar un ejemplo, sobre la capa de ozono, se estima que el 15% de ella ha sido destruida por la producción principalmente de gases de carbono, pero también de otros compuestos químicos. Si bien es cierto que es un problema global la destrucción de este 15%, las investigaciones más recientes muestran que el 70% de esa destrucción está en el cono

Por otro lado, otro hecho que hace a estos movimientos particularmente interesantes es que los conflictos que los atañen muchas veces no se restringen a un país, ya que el ecosistema es un sistema global basado en la interrelación, conflictiva pero también solidaria e interdependiente, entre los seres vivos. Por ello es allí donde radicaría el éxito de estos movimientos: en su capacidad de vincular lo particular con lo universal desde una perspectiva no instrumental, opuesta, en este sentido, a los puros procesos de modernización.

Tomar conciencia de la actual crisis ecológica implica entonces cuestionar todo un sistema de desarrollo inequitativo orientado a satisfacer estilos de vida extremadamente consumistas, del que se beneficia sólo una parte de la población mundial frente a un gran número de países y regiones, de millones de personas que se ven forzadas a deteriorar sus ecosistemas para sobrevivir. Más profundamente, lo que se cuestiona es un estilo de vida basado en un sinsentido en cuanto a las metas de progreso que las sociedades se han puesto, metas consumistas que excluyen a la mayoría de la población y cercenan las posibilidades de desarrollo futuro para todos. El mundo, dadas las realidades del consumo de Occidente, no podrá ser nunca un mundo occidental. Esto coloca en el horizonte de nuevo la necesidad de una modernidad pensada a partir de las realidades del Sur y de su pluralismo constitutivo.

El conflicto en la ciudad argentina de Gualeguaychú, generado por la instalación de la pastera finlandesa Botnia

---

sur de América Latina, en ese caso específico, no contribuye ni siquiera con el 3% de la producción de gases de carbono. Por lo tanto, el 97% del problema de destrucción de la capa de ozono no tiene nada que ver con nosotros. Sin embargo, tenemos el 70% del hoyo que está sobre Argentina, Chile, Paraguay y el sur del Brasil con las consecuencias que se derivan para la pecuaria y para la salud humana" (Guimaraes, 1996: 62).

en la orilla uruguaya, es un buen ejemplo de los conflictos ecológicos que emergen entre los países desarrollados y aquellos en vías de desarrollo, y más que nada, del accionar de los nuevos movimientos socioculturales. El tema es analizado por Palermo, Aboud y Musseri en los *Cuadernos de gobernabilidad democrática* del PNUD:

> Desde los "abrazos al puente" hasta la quema de banderas finlandesas, el caso de Gualeguaychú evidencia la fuerza de la internacionalización de la política, la intensidad con que el Estado nacional es replicado desde lo global y lo local, y las luces y sombras del papel que los movimientos sociales pueden desempeñar en procesos que conjugan lo productivo y lo ambiental. En el así llamado conflicto de las "papeleras", la cultura fue y es una dimensión central, porque una comunidad local dotada de un modelo de desenvolvimiento, o al menos de una percepción de sus señas de identidad, colisionó con un proceso productivo nacional y global al que juzgó mortíferamente amenazante.[131]

El caso nos muestra la forma en la que el movimiento actuó en relación con la política y el Estado, utilizando los medios de comunicación. En este sentido, es un ejemplo de redistribución del poder con una dirección fuertemente local pero proyectada a todo el país gracias al uso de los medios de comunicación. Por otro lado, muestra las dificultades que los Estados tienen para enfrentar ciertas demandas, y al mismo tiempo, ilustra con claridad las dificultades principales que enfrenta la política ante una sociedad policéntrica. "Los asambleístas han fundado su propia legitimidad y tienen mil referentes que entran y salen de su discurso con fugacidad, porque no han precisado de ninguno en particular para fundarse. Esta autonomía en su legitimidad representa un obstáculo más para la política convencional, que en cierta medida no supo qué hacer con

---

[131]   Palermo, Aboud y Musseri (2009: 15).

ellos, ni cómo interpelarlos. Por otra parte, analizamos un caso en el que, a lo largo del tiempo transcurrido, el proceso de constitución de su propia subjetividad ha tenido una importancia de primer orden".[132] Y esto es tan válido para la política argentina como para la uruguaya.

A pesar de estas dificultades, los autores del artículo creen que el margen del que la política dispone para hacer frente a tales desafíos ha sido subestimado. Es en este sentido que sostienen que la capacidad de los liderazgos políticos es esencial para evitar caer en acciones hiperrepresentativas, como muchos creen que ocurrió en el caso de Gualeguaychú. Allí, ante el vacío en la respresentatividad, las respuestas más fáciles fueron aquellas que sobreactuaron las demandas, con lo cual se elevó el grado del conflicto. Ante este escenario, continúan diciendo, resultaría fundamental un liderazgo político que actúe como respuesta a las nuevas relaciones entre sociedad, cultura y política, para evitar, de esta manera, la profundización de los conflictos. "La necesidad de prevenir como ejercicio de liderazgo proviene de asumir esta condición como punto de partida indispensable para llegar a acuerdos y establecer escenarios cooperativos [...]. Si las demandas colisionan en un espacio desprovisto de coordinación y prevención, la posibilidad de acuerdos y transacciones tiende a reducirse a cero".[133]

En el caso de Gualeguaychú, los liderazgos políticos actuaron de manera equívoca: o bien estuvieron ausentes, o se comprometieron más de lo conveniente, transformando la causa en un asunto de "interés nacional", elevando así el nivel del conflicto. Con todo, más allá de los graves problemas de representación que el conflicto de Gualeguaychú planteó, cabe destacar allí la aparición de un nuevo sujeto

---

[132] *Ibíd.*, p. 17.
[133] *Ibíd.*, p. 19.

colectivo que, aunque de futuro incierto, abrió nuevas formas de acción colectiva y nuevos actores en la escena nacional y regional. Por esto resulta un buen ejemplo de los nuevos desafíos que el sistema político enfrenta.

Para terminar esta sección, es interesante mencionar el concepto de *pensamiento ecologizado* de Morin. Este autor reflexiona, partiendo de la necesidad de que el sujeto se piense como parte del medio y no como algo externo a él, acerca de las chances de una ciudadanía internacionalizada desde nuestro propio contexto y patrimonio cultural, pues si bien la actual crisis ecológica impacta a nivel global, se traduce localmente en problemas concretos. En este sentido, puede contribuir a la definición de una ciudadanía más universal, pues si bien el sujeto hoy se construiría a partir de la comprensión de los problemas globales que afectan a la humanidad, ésta ya no se comprendería desde una noción abstracta sino desde lo concreto que es la cotidianidad degradada.

La nueva politicidad de los jóvenes[134]

Los jóvenes que viven los tiempos de la inflexión han sido denominados como "la generación de la tecnosociabilidad".[135] Ellos son una buena muestra de los nuevos rasgos que la sociedad adquiere, ya que naturalmente son los que mejor los encarnan. Por lo tanto, resulta interesante observar ciertas características comunes entre ellos, teniendo en cuenta que, con el inevitable paso de los años, se irán convirtiendo en los actores principales de la renovación y el cambio de la democracia y la sociedad de la información en la región.

---

[134]   Basado en Calderón y Hopenhayn (2008) y en Calderón (2009).
[135]   Castells (2006).

Esta generación ha sido llamada la generación de la tecnosociabilidad, por el impacto fundamental que los nuevos medios de comunicación tienen entre ellos. La juventud utiliza cada vez más nuevos medios para relacionarse, formar grupos que comparten intereses y, al mismo tiempo, plasmar sus puntos de vista y sus demandas de cambio. Por mencionar sólo algunos: los mensajes de texto, el e-mail, el chat, *facebook*, *twitter*, *myspace*, *linked in*, y una larga lista de etcéteras que crece constantemente. Ellos encuentran allí una nueva manera de sociabilidad. Curiosamente, la gran intensidad de los flujos de comunicación parece producir un doble efecto: por un lado, como es de esperarse, aumenta la conectividad entre ellos, pero por otro lado, el mismo uso los separa del resto de la sociedad, acostumbrada a utilizar otras formas de comunicación.

Sin haber producido una ruptura total con las generaciones previas, sino más bien construyendo a partir de las experiencias de los mayores, pareciera que los jóvenes se han vuelto parte de una nueva "arena social". Una característica clave parece radicar en que los mecanismos consagrados de socialización por medio de los cuales una generación se hace adulta y autónoma se han erosionado.[136] Por ejemplo, el clásico tránsito de la educación al empleo se ha vuelto difuso, ya que la juventud tiene más capital humano que los adultos (salud, educación, etc.) pero, al mismo tiempo, más dificultades para ingresar en el mercado laboral. De la misma forma, el paso de la vida en familia a la vida independiente se hace más difícil, por lo que los jóvenes tienden a dilatar el momento en el que dejan el hogar de los padres. Y, relacionado con estos fenómenos pero en otro nivel, quizás el rasgo más distintivo sea que existe una menor influencia de los patrones clásicos de socialización (familia, escuela,

---

[136] Para mayor detalle, véase Tedesco (2007).

barrio, etc.), vacío que hoy es llenado en buena medida por los medios de comunicación, generándose así una cultura que está transformando las formas de conocer, sentir y aprender, y que también modifica la vida cotidiana. Hoy vemos que se redefinen las identidades, y la subjetividad de los jóvenes se construye en gran parte mediante el uso de las tecnologías de comunicación. La vida diaria de los jóvenes está poblada de la tecnosociabilidad que mencionamos, y probablemente este fenómeno irá en aumento.

Si consideramos estas características, no es extraño que se produzca una fuerte ruptura de imaginarios en los jóvenes que plantea incertidumbre con respecto a la reproducción cultural de la sociedad, poniendo en duda el vínculo trabajo-progreso, el rol del Estado como protector de la sociedad, la relación esfuerzo-gratificación, los proyectos de familia, la relación presente-futuro y la relación entre socialización e individuación. En este último aspecto, uno de los patrones que se pueden ver hoy en día es un gran debilitamiento de los proyectos colectivos de progreso, reemplazados por una mayor valorización de la autodeterminación personal. Este patrón parece claro, pero es interesante mencionar que se percibe una fisura en él: da la impresión de que mientras los jóvenes incluidos siguen ese patrón, entre los excluidos predomina una lógica más colectiva. En cualquier caso, esta realidad plantea una pregunta que va más allá de los jóvenes, ya que abarca a toda la sociedad: ¿cómo puede la necesidad de autoderminación personal articularse con la necesidad de construir una comunidad ciudadana compartida?

En este punto resulta interesante analizar de qué manera se relacionan con la política. Existe una característica común y ampliamente conocida: los jóvenes son los que más descreen de las formas tradicionales de la política. En una serie de entrevistas realizadas a jóvenes en países del MERCOSUR, el 80% de ellos dijo no tener confianza en los partidos políticos, los sindicatos, la justicia ni las fuerzas de seguridad.[137] Ahora bien, esto no quiere decir que no estén interesados en la política, sino más bien que buscan una "nueva politicidad". Los jóvenes no han renunciado a la acción colectiva, sino que actúan de manera distinta, revalorizan la idea de que actuar localmente, en pequeños grupos, puede generar en el largo plazo modificaciones globales de relevancia. Quizá por esto los asuntos que priorizan apuntan en general a asuntos sobre los que perciben que pueden incidir directamente: los datos muestran que las dos cuestiones percibidas como las injusticias más graves son las agresiones hacia el medio ambiente y el maltrato de la Policía hacia ellos. Sin embargo, mientras la mayoría cree que es posible hacer algo para influir en la cuestión del medioambiente, muy pocos creen que se pueda modificar la violencia ejercida por la Policía.

El *Informe sobre Desarrollo Humano para MERCOSUR 2009-2010* detectó tres orientaciones de acción colectiva entre los jóvenes. En primer lugar, una referida a la afirmación de identidades colectivas como indígenas, afrodescendientes, feministas o religiosas. Entre quienes afirman estas identidades, sobresalen los grupos de jóvenes de las murgas en Montevideo, el movimiento "grafitero" en Brasil y los movimientos indigenistas en Argentina. En segundo lugar, aparecen los movimientos ecologistas o de defensa del medio ambiente, muy a menudo vinculados a ONG ambientalistas. Aquí cabe destacar que existe una suerte de capital público ecológico para el desarrollo de estos movimientos, que se apoya en la disponibilidad de la opinión pública juvenil para participar y actuar en

---

[137]   PNUD (2009b).

favor del medioambiente. Por eso, es probable que estos movimientos tengan un dinamismo creciente. Finalmente, una tercera orientación está referida a la participación en movimientos y/o acciones alterglobalizadoras en la región, como los encuentros que se organizaron en el Foro Social Mundial, donde predominan críticas de fondo a la globalización, el consumismo y las políticas conservadoras. Más allá de las distintas orientaciones, en conjunto estos movimientos usan y reproducen relaciones en el campo de las tecnologías de la información. El citado informe menciona además que "la ampliación de cierta conciencia ciudadana en materia de derechos culturales y socioeconómicos, las posibilidades organizativas abiertas por las tecnologías de la información y comunicación y la diseminación de una 'opción ambiental', son los rasgos culturales básicos de la movilización juvenil".[138]

En términos generales, los jóvenes muestran importantes disposiciones a la acción solidaria y voluntaria local, ligadas especialmente a la comunidad inmediata y a resultados concretos. Perciben de manera intensa el aumento de la vulnerabilidad en la vida cotidiana y ven afectada su vida por los crecientes niveles de violencia social. Sin embargo, no se percibe entre ellos la nostalgia de una época míticamente segura, sino que tienden más bien a enfrentar el problema desde la acción práctica, generando estrategias de protección colectivas en pequeños grupos, basados en las facilidades de las nuevas tecnologías en muchos casos y defendiendo sus derechos al uso y disfrute de los espacios públicos urbanos. Este es un punto importante: los jóvenes no renuncian al espacio público, ya que si bien admiten que en algunos aspectos puede ser violento u hostil, también ven allí un campo abierto de enorme potencial y oportunidades para sus proyectos de futuro.

---

[138] *Ibíd.*, p. 31.

Corolario: hacia una sociedad de diferentes

Con o sin éxito, lo que estos nuevos actores y prácticas demuestran es el peso de la acción cultural, colectiva e individual, que los partidos, la política y el Estado podrían recuperar para lograr tanto mayor cohesión social como reformas políticas. Y en todo caso, si muchas veces estos movimientos no han logrado convertirse en actores importantes, es precisamente allí donde los partidos y el resto de los actores políticos tradicionales deberían actuar y ajustarse para potenciar una práctica política autónoma que integre proyectos fragmentados y logre de esa forma incidir en los asuntos de carácter nacional y global.

Cabe aclarar que al referirnos al reconocimiento institucional de los movimientos sociales no sólo nos estamos preguntando por las posibilidades de una democracia que impulse una lógica más progresiva -es decir, una democracia que promueva lo plural y que posea mayor capacidad de reconocimiento a un mayor de número de actores, abriéndoles un lugar en el sistema de toma de decisiones- y más sustantiva -es decir, que promueva la plasmación de valores consensuales y se oriente a una redistribución material más equitativa-, sino también, y muy especialmente, por las posibilidades de que este campo institucional contribuya a la reconstitución de los sujetos políticos.

Llegado este punto, es necesario remarcar que, más allá de los novedosas acciones que estos movimientos llevan a cabo, sus demandas y propuestas también varían al alejarse de las viejas búsquedas de proyectos únicos de poder, acercándose en cambio a la conformación de espacios públicos que abarcan la diversidad social y cultural y que permiten un reconocimiento de la alteridad entre diferentes. Quizá sea precisamente esta posibilidad de articulación entre diversos actores en un espacio público compartido el principal recurso político para el ejercicio de la democracia en sociedades policéntricas, donde las demandas de inclusión ciudadana se cruzan cada vez más con el tema de la afirmación de la diferencia y con las políticas de reconocimiento y promoción de la diversidad; donde grupos ecológicos, étnicos y de género, entre tantos otros, claman por ser reconocidos en su singularidad, por contar con derechos específicos y por la aplicación a su caso de los derechos universales que otros grupos ya conocen. Discriminación positiva, derecho al autogobierno y políticas diferenciadas en educación son sólo algunos ejemplos que emanan de este fenómeno.

La acción de estos movimientos no hace más que dejar en claro que la sociedad se repiensa y actúa ya no entre iguales sino entre diferentes. "Quizá sea hora de repensar los movimientos sociales desde otra perspectiva: no se trataría solamente de nuevas formas de hacer política, sino de nuevas formas de relaciones y de organización social; lo que se estaría transformando o engendrando es una sociedad, más que una política, nueva".[139] Así, si el sistema político no logra incluir estas demandas, la fuerza de estos movimientos acumulada durante años de silencio les permitirá de todas maneras aparecer por otros medios. Cualquier proyecto que intente obviar esta realidad y busque presentarse como un referente único al que se debe seguir con los ojos cerrados, al mirar para atrás se encontrará ante un vacío democrático.

---

[139]   Calderón y Jelin (1987: 26).

Capítulo VIII
El neodesarrollismo indigenista como opción histórica en Bolivia, Ecuador y Perú

Luego de la doble transición política y económica vivida en los últimos veinte años, los países andinos meridionales (Bolivia, Ecuador y Perú) han entrado en momentos de agitación y demandan cambios que suponen nuevos desafíos y oportunidades. Una política innovadora de la democracia está en el centro del escenario. Por una parte, ningún actor –en especial los nuevos movimientos socioculturales o los nuevos líderes políticos con presencia política importante– desea caminos de cambio que no sean democráticos; por otra, nuevos actores, tradicionalmente excluidos del poder político, están teniendo acceso real a los juegos del poder, haciendo uso de las formas democráticas. Da la impresión de que la idea republicana de democracia por fin va tomando forma social, y si bien los escenarios son variados y algunos pueden incluso ser catastróficos o distorsionadores de un camino genuinamente democrático, la cuestión aquí es indagar en las posibilidades de reforma social asociadas con reforma institucional que fortalecen la democracia como régimen político. No es fácil.

Como hemos visto, en los años 1980 se inició un proceso de democratización en América Latina y en particular en la Región Andina, que implicó la incorporación creciente al voto de mayorías previamente excluidas. Al observar hoy los barrios urbanos más pobres y los lugares alejados de las contiendas electorales es fácil percibir el nacimiento de una importante cultura cívica y una sociabilidad ciudadana en torno al respeto por la "fiesta electoral" y a la importancia del voto ciudadano. Es posible afirmar que la participación electoral en los países andinos ha reafirmado la ciudadanía política y legitimado la democracia como la forma de convivencia y el camino indicado para lograr cambios. Los datos son elocuentes: desde el retorno de la democracia, la participación electoral es alta: en los tres países sujetos a estudio, más del 71% de los votantes registrados ha concurrido a las urnas.[140]

Ahora bien, la legitimidad de dicha participación contrasta fuertemente con la crítica y la desconfianza de las ofertas de los partidos y liderazgos políticos tradicionales. La democracia representativa hoy es criticada con firmeza y la capacidad de los partidos para impulsar procesos de cambio legítimos tiende a ser muy baja. Por ejemplo, en el *Informe Latinobarómetro 2010* se observa que tres de cada cinco (el 58%) de los andinos considera que no puede existir democracia sin partidos políticos, pero sólo cerca de uno de cada cinco (el 23%) confía en los partidos políticos. En esta materia, los países con mayores falencias de legitimidad son Ecuador y Bolivia: en ambos casos, del total de los encuestados, más del 58 y 49% respectivamente piensa que los partidos políticos no son necesarios para la democracia. Más aun, apenas una cuarta parte (el 25%) de los habitantes de la Región Andina declara tener interés en la política.[141] Es así que el surgimiento y el desarrollo de movimientos o fuerzas políticas y sociales contestatarias responden a la necesidad de llenar este vacío con nuevas ofertas que interpelan el orden establecido y buscan construir nuevas opciones.

El resurgimiento de la cuestión multicultural se advierte con claridad en los resultados de los últimos procesos electorales de Ecuador, Bolivia y Perú. En Perú, en las elecciones del 9 de abril de 2006, el candidato nacionalista Ollanta Humala –del entonces partido Unión por el Perú– se ubicó en el primer lugar de las preferencias con

---

[140]   IDEA (2006).
[141]   *Informe Latinobarómetro 2010.*

el 25,7% de los votos, y pasó a segunda vuelta para luego ser derrotado por Alan García;[142] en las elecciones de 2011, Humala inició la campaña siendo último en las encuestas, y concluyó terciando y ganando –por aproximadamente el 1,5%– en segunda vuelta a la hija de Fujimori, Keiko. En el caso de Ecuador, el presidente Rafael Correa llegó al poder tras derrotar en segunda vuelta el 26 de noviembre de 2006 a Álvaro Noboa. Luego, en elección anticipada el 26 de abril de 2009, triunfó en primera vuelta con el 51,9% de los votos, extendiendo su mandato hasta el año 2013.

Mientras tanto, en las elecciones presidenciales de Bolivia realizadas el 18 de diciembre de 2005 se impuso el candidato Evo Morales, representante del MAS, por una mayoría absoluta del 53,7% de los votos.[143] Esta victoria se reeditó con mayor contundencia en las elecciones de 2009, cuando el presidente Morales fue reelegido con el 64% de los votos para un segundo mandato que concluirá en 2014. Desde que asumiera su primer mandato, el gobierno del MAS ha intentado avanzar en un escenario complicado, de alta polarización. Una hipótesis argumenta que estaría emergiendo una suerte de neodesarrollismo que buscaría ampliar la participación social y lograr una mayor integración nacional "desde abajo". Se habrían gestado y ampliado nuevas negociaciones y acuerdos con las empresas trasnacionales para lograr un desarrollo socioeconómico interno, devolviéndole al Estado un papel protagonista en la política y en el desarrollo. Este neodesarrollismo se alimentaría a la vez de un imaginario indígena popular, particularmente aimara y mestizo, de una tradición sindical radicalizada y de un antiimperialismo práctico, y buscaría redefinir las

---

[142] Los datos de las elecciones en Perú se basan en información del Jurado Nacional Electoral, disponible en línea: www.jne.gob.pe

[143] Los datos de las elecciones en Bolivia se basan en información de la Corte Nacional Electoral, disponible en línea: http://www.cne.org.bo/sirenacomp/index.aspx

jerarquías sociales y los patrones de inclusión y movilidad social. Según esta hipótesis, no podría predominar un fundamentalismo indigenista, pues éste estaría muy condicionado por los cambios en una sociedad estructuralmente plurisocial y pluricultural. Asimismo, el MAS y el liderazgo de Evo Morales en Bolivia están directamente asociados con el movimiento alterglobalización y con los llamados movimientos sociales, que en realidad son sindicales y que han optado, a veces con dificultades, por caminos democráticos. Una matriz práctica de relaciones internacionales muy amplia configura el panorama de esta nueva opción histórica.

En definitiva, en este momento Bolivia está redefiniendo sus horizontes políticos y de desarrollo, y estas redefiniciones buscan vincular nuevas opciones en la globalización con rasgos culturales de larga duración. Por supuesto no es un camino sencillo para una sociedad tan compleja desde sus orígenes, en la que la creación del Estado-nación no logró reconocer con plenitud ni incluir socialmente a las mayorías indígenas y mestizas, y en la que los espacios de participación ciudadana fueron, salvo en la Revolución del 52, más bien limitados. En este momento, esto parece estar cambiando y por eso, para poder pensar en los caminos que se abren hacia adelante, es importante recordar cómo se llegó hasta aquí. Luego pasaremos a analizar los casos de Ecuador y Perú.

1. Bolivia

1.1 Política y economía

La transición hacia la democracia en Bolivia comenzó a fines de los años 1970 e implicó veinte años de experimentación con diversas reformas electorales, constitucionales

y estructurales. Durante este período se formaron numerosos partidos políticos, cuyo primer accionar tuvo lugar
durante el gobierno de la Unidad Democrática y Popular
(1982-1985).[144] Ya en los tres años de este gobierno, se mani-
festaron los problemas básicos del sistema multipartidario,
en un marco de presidencialismo híbrido caracterizado
primordialmente por la elección del Presidente por parte
del Congreso. Las disputas entre el Poder Ejecutivo y el
Poder Legislativo constituyeron una de las principales
dificultades de la gobernabilidad en el país. Esta crisis de
gobernabilidad fue resuelta en 1985 cuando los principales partidos del sistema hallaron la forma de solucionar
el *impasse* entre los poderes Ejecutivo y Legislativo.[145] Por
medio de cuatro coaliciones distintas, Bolivia logró un
grado de estabilidad nunca experimentado hasta entonces,
que permitió la continuidad de las políticas económicas
"neoliberales".[146] Surgía así un sistema de "democracia

---

[144]   Cabe destacar los siguientes partidos: Acción Democrática Nacionalista (ADN); Partido Socialista (PS-1) y expresiones indigenistas y
neopopulistas como Conciencia de Patria (CONDEPA) y Unidad Cívica
Solidaridad (UCS). A dichos partidos se sumaron partidos de izquierda
preexistentes, como el Partido Comunista Boliviano (PCB) y el Partido
Obrero Revolucionario (POR). Véase Calderón y Gamarra (2004).

[145]   *Ibíd.*

[146]   Los pactos democráticos de mayor relevancia fueron: el *Diálogo para
la Democracia* (noviembre de 1984), que vinculó a partidos políticos
con representación parlamentaria, la Central Obrera Boliviana y la
Confederación de Empresarios privados; el *Pacto por la Democracia*
(1985-1989), que fue una alianza entre MNR y ADN; el *Acuerdo Patriótico*
(1989-1993), constituido por el MIR y ADN-PCC; la *Reforma del Sistema
Electoral* (junio de 1991), resultado de un pacto entre partidos políticos
con representación parlamentaria; el *Acuerdo por la Modernización del
Estado y el Fortalecimiento de la Democracia* (julio de 1992), que fue un
acuerdo entre partidos políticos con representación parlamentaria; el
Pacto por la Gobernabilidad (1993-1997), pacto entre el MNR-MRTK,
el MBL y la UCS; el *Compromiso por Bolivia* (1997-2002), que alió en el
gobierno a ADN-NFR, el MIR, la UCS, el PDC y CONDEPA; el *Acta de
Entendimiento* (junio de 2001), pacto entre partidos políticos y organi-

pactada" que, mientras funcionó, garantizó a los partidos gobernantes el control del Parlamento.

En el año 2000, sin embargo, este sistema entró en crisis y se inició una larga y compleja inflexión histórica. Para entender la crisis de la democracia pactada es necesario conocer ciertos rasgos que la han definido desde sus orígenes. En primer lugar, la democracia pactada generó un ciclo de relativa estabilidad política en torno a un proyecto económico de modernización de mercado que funcionaba con un alto grado de clientelismo político, al punto que la distribución de cargos y puestos pasó a ser, al final, la mayor recompensa tangible para los militantes de los partidos que formaban parte de las coaliciones. En segundo lugar, la toma de decisiones se concentró en el Poder Ejecutivo, de marcada orientación tecnocrática, por lo que el diseño de las principales políticas fue llevado a cabo por pequeños grupos de tecnócratas de los distintos ministerios. En tercer lugar, este sistema contribuyó a la consolidación del caudillismo partidario, ya que no fue producto de un pacto entre los partidos políticos sino entre sus cúpulas. Y por último, si bien hubo consenso entre los principales partidos con respecto a las características políticas del modelo y la política económica, ningún partido –a pesar de las críticas a la estrategia de desarrollo– se atrevió a modificar el programa de reforma estructural (por cierto, coelaborado con especialistas de la Universidad de Harvard, entre otras). Pero seguramente la mayor dificultad de las reformas radicaba en la ausencia de actores que las impulsaran. No se pueden hacer reformas capitalistas sin empresarios.

La mayor paradoja de la democracia pactada es que sus prácticas, en lugar consolidar el sistema de partidos,

---

zaciones sociales. Para mayor detalle sobre estos pactos, sus objetivos y resultados, ver Calderón y Gamarra (2004).

produjeron una importante decadencia. Los partidos políticos no se modernizaron, no incorporaron nuevos liderazgos, no pudieron mejorar sus relaciones con la sociedad ni articular una sociedad diversa. La Central Obrera Boliviana no fue sustituida por un nuevo actor articulador de las demandas sociales y, como consecuencia, se multiplicaron los conflictos sociales, lo que derivó en un faccionalismo social que luego sería canalizado por el MAS.

Con la crisis de este sistema, el país se encontró ante una suerte de "empate social" estructurado alrededor de dos agendas altamente polarizadas y con legitimidad insuficiente para imponer objetivos generales: las llamadas "Agenda de octubre" y "Agenda de enero". La primera tuvo como eje discursivo la nacionalización de los hidrocarburos, enfatizó lo sociopolítico, se articuló en torno a movimientos sociales e indígenas y fue liderada por el MAS, los sindicatos cocaleros del Chapare y la Federación de Juntas Vecinales de El Alto. Por el contrario, el eje discursivo de la "Agenda de enero" fue orientado por la idea de autonomías departamentales, hizo mayor énfasis en cuestiones económicas, fue aceptada por los sectores cívico-empresariales y liderada por el Comité Cívico de Santa Cruz. Las fuerzas regionales a través de los comités cívicos de la llamada "media luna" reemplazaron progresivamente a los partidos políticos que participaron del ciclo de la democracia pactada. Al final, las fuerzas políticas no convencionales reemplazaron al régimen de partidos.

Esta crisis política desnudó, ante todo, los límites económicos de lo que se conoce como una "economía de base estrecha", caracterizada por la concentración de ingresos y la escasa generación de empleos. En este tipo de economía, con pocos trabajadores, altas inversiones y estructuras concentradas a modo de enclave, las zonas económicamente más activas exhiben una alta productividad pero con un escaso impacto social redistribuidor, produciendo una relación inversamente proporcional entre ingresos y empleo. De acuerdo con un estudio realizado en el marco del PAPEP Bolivia, en el año 2006 el 85% de la población ocupada producía el 25% de los ingresos, mientras que el 7% de población aportaba el 65% de los ingresos.

La economía boliviana es débil, muy desigual, diversa y compleja. Conviven en ella desde formas comunitarias y familiares de producción hasta las más sofisticadas empresas transnacionales o nacionales integradas de manera activa en los procesos de globalización. Prácticamente no existen economías autónomas y las economías campesinas, de una u otra manera, están integradas al mercado, pero por lo general en condiciones de intercambio muy desigual. La economía campesina que en el pasado reciente era decisiva en la conformación de la canasta básica de alimentos, hoy ha visto deteriorada su participación productiva, pues ha variado la composición y calidad de la canasta y los campesinos mismos se vienen integrando a un mercado de consumo distante de sus propias fuerzas productivas.

Las ciudades, además de pluriculturales, son de alguna manera campesinas, pues las economías informales urbanas no son ajenas a dinámicas familiares y de pequeña escala que integran campo y ciudad en complejas estrategias de reproducción familiar. Sumado a esto hay que tener en cuenta que la reproducción social de la economía boliviana en su conjunto sería incomprensible si no se tomara en cuenta la extensión de estas economías en otros países. Los emigrantes bolivianos en Madrid, Buenos Aires o Virginia, responden a estrategias de reproducción familiar y generan complejas formas de trabajo e intercambio que explican en buena medida el funcionamiento de la economía nacional, no sólo en términos de remesas, sino también en el intercambio de productos materiales, informacionales y culturales que van redefiniendo una economía, una sociedad y una cultura económica cada vez más internacionalizada pero profundamente orientada hacia lo local.

Como en otros países de la región, da la impresión de que existe una suerte de tensión entre dirigentes y sociedad: pareciera que la sociedad ha avanzado más que sus dirigentes. Mientras que los líderes sociales e indígenas buscan integrar comunidad con institucionalidad a partir de un cierto ideario hegemónico andino y los líderes regionalistas del Oriente buscan mayor autonomía regional con una limitada visión nacional e intercultural, la sociedad boliviana tiene importantes niveles de convivencia social en su propia diversidad cultural y reclama soluciones concretas y opciones concertadas para potenciar su desarrollo en libertad.

El MAS, en este sentido, se constituye como una nueva fuerza sociopolítica cuya agenda abarca temas de reforma institucional, un nuevo pacto económico con las empresas transnacionales (nacionalización de los hidrocarburos, reestatización de AFP), la expansión de la base de la economía, la redistribución de ingresos y de riqueza (a través de la repartición de tierras) y mayor inclusión sociocultural, entre otros objetivos. En su seno se combinan orientaciones nacional-populares, sociales y de indigenismo andino, y la forma de sus acciones no son ajenas al histórico sindicalismo minero y campesino. Cabalmente, la combinación de lógicas reformistas radicales con lógicas nacional-populares ilustran la flexibilidad y la fortaleza del MAS, tanto a nivel interno como internacional.

Aunque quedan pocas dudas sobre el impacto simbólico que ha tenido el gobierno del MAS en los bolivianos y el impacto real sobre la relación Estado-sociedad, en su segundo gobierno, el proceso político boliviano ha pasado a una nueva fase, acaso menos romántica, caracterizada por un débil sistema de partidos, capacidades limitadas de gestión y un esquema de gobernabilidad en el que el decisionismo político es central.

Ya a finales del primer mandato del presidente Morales se detectó un crecimiento en el número de conflictos sociales, y en lo que va de su segunda gestión no se ha retornado a los niveles "habituales" de conflictividad. Si durante la primera gestión del presidente Morales el promedio mensual de conflictos fue de 35, a diciembre de 2010 la conflictividad escaló a un promedio de 70 conflictos nuevos por mes. Pero también hay que decir que los conflictos sociales en Bolivia tienen una nueva característica: están asociados a la fragmentación del bloque de la misma base que constituye el MAS, y se trata de conflictos sectorializados con demandas concretas (por ejemplo, aumento salarial, elevación del precio del transporte, etc.). Sin embrago el liderazgo del presidente Morales permanece hasta el momento incuestionable.

Esta nueva conflictividad también ha dejado al descubierto que el gobierno tiene capacidades limitadas para gestionar los conflictos y que no necesariamente la dirigencia de los movimientos y las organizaciones sociales es, al mismo tiempo, capaz de intermediar en los conflictos. Esta constatación es relevante por dos razones: I) denota que los movimientos y las organizaciones sociales tienen agendas propias, que van más allá de las de sus eventuales dirigentes, y no siempre similares a la gubernamental; y II) trasluce la necesidad de fortalecer canales institucionales constructivos de mediación y resolución de conflictos.

Ahora bien, más allá del desgaste del gobierno del MAS, que algunos analistas considerarían natural, y el aumento de la conflictividad, el "proceso de cambio" no parece estar en discusión.

La llegada del MAS al gobierno inició un nuevo ciclo histórico. Pero hay algunas preguntas que aún no han sido del todo respondidas: ¿el MAS será capaz de impulsar una nueva opción de desarrollo y gestar una nueva estructura institucional? ¿Cuáles son sus capacidades de transformar sus metas en resultados prácticos?

Hipotéticamente, en su fin, la etapa épica está siendo reemplazada por una orientación estatista en el desarrollo; cada vez más, una lógica de capitalismo de Estado buscaría ser predominante.

1.2 Cultura y sociedad

En el plano histórico-cultural, la cosa es aun más complicada. Los bolivianos y las bolivianas cargan sobre sus espaldas desde tiempos arcanos un conjunto de superposiciones históricas y socioculturales (o lo que se llama un *chenk'o* histórico[147]) que han ido organizando la vida social del país desde el período precolombino y que sigue presente en la coyuntura política y en el imaginario nacional. Estas superposiciones se expresan a veces como reificaciones de un pasado andino o colonial que nunca existió; otras, como referencia insoslayable de una continuidad histórica que se desea transformar. Se trata de una historia llena de matices y dramas sociales, y de una relación de la sociedad nacional con un mundo percibido muy a menudo como distante, ajeno y amenazador. Este fenómeno cultural se expresa también psicológicamente y tiene presencia a la hora de tomar decisiones políticas, pues desde allí se construye la memoria de lo que el país fue, quiso ser y trató de construir, y se interpretan sus heridas e injusticias más profundas, sus frustraciones más hondas y sus logros escasamente reconocidos por los mismos bolivianos. Es a veces una lectura confusa de la propia historia, pero que evidencia con toda su fuerza los deseos de reconocimiento.

---

[147]   El *chenk'o* sería una especie de metamorfosis constante que anida en el imaginario de las personas. Es una particularidad que muta, sin desaparecer, de universalidad en universalidad.

Ciertamente la confusión en las ideas no conduce a nada bueno en la práctica, pero no reconocer la densidad de los procesos históricos y los sentimientos de la gente conduce a la ceguera política. Como decía Walter Benjamin, los pueblos reconstruyen su interpretación histórica en los momentos de peligro.[148] En eso está Bolivia.

La revolución de 1952, resultado de una alianza entre sectores medios y populares, trató de impulsar la liberación nacional, modernizar e integrar territorialmente el país y construir un imaginario indo-mestizo como "crisol de la nacionalidad". Pero fue incompleta, no reconoció el pluralismo cultural constitutivo del país y terminó creando una dominación patrimonial-corporativa sustentada en redes clientelares que gestionaban un faccionalismo partidario y social a través de un complejo sistema de prebendas que superó las posibilidades económicas e institucionales de país. La revolución que logró agrupar a más de 60.000 obreros y campesinos armados fracasó por sus propios conflictos internos. Un alto dirigente cínicamente decía que la revolución había fracasado porque el Movimiento Nacionalista Revolucionario (MNR) tenía 200.000 militantes y el Estado disponía sólo de 100.000 puestos. ¿No le sucederá lo mismo al MAS? El resto fueron pesadillas autoritarias.

Luego, las reformas estructurales de mercado vinculadas con un pacto interpartidario, que dieron lugar a un ciclo de veinte años de relativa estabilidad democrática, no tuvieron los resultados prometidos. El saldo fue un gran malestar social e institucional y movilizaciones políticas que abrieron un nuevo período histórico. Ahora, la contundente victoria electoral del MAS en medio de conflictos y polarizaciones políticas y regionales colocó en el centro del debate político en la región y en el mundo las posibilidades de una vía democrática de transformación sociocultural

---

[148]   Benjamin (1995).

y de una combinación entre pluralismo cultural, equidad y desarrollo endógeno. Se abriría así un nuevo ciclo de transformaciones político-institucionales y probablemente se generaría un nuevo acuerdo intrasocietal. La cuestión es desde qué cultura política se procesarán estos cambios.

En síntesis, la refundación de un nuevo orden no es un hecho aislado ni se puede entender con un pensamiento dicotómico que opone "blanco" a "negro". Es el resultado de un largo camino pleno de matices que se va construyendo y desarrollando, con idas y venidas, por varios actores y distintos procesos políticos, donde nada está garantizado y muchos asuntos son inciertos. Empero, la crítica y el cambio sólo serán fecundos si se recupera una cierta idea de continuidad histórica. De alguna manera, los dados ya están lanzados.

2. Ecuador

2.1 Política y economía

El proceso de transición democrática en Ecuador se inició en 1979 con la transmisión del mando al presidente Roldós. La peculiaridad ecuatoriana frente al resto de los países latinoamericanos radica en la legitimidad de las instituciones militares. Éstas impulsaron la transición, pero también, en alguna medida, la limitaron, ya que los actores políticos y sociales no lograron ni conformar un sistema de partidos sólido, ni involucrar al conjunto de la sociedad en el ejercicio de la democracia. Quizá precisamente por esto en Ecuador se recurra o involucre permanentemente a militares y a las mismas Fuerzas Armadas en los juegos políticos del poder.

Sin embargo, las razones de la fragilidad de la transición y de la gobernabilidad democrática en Ecuador son más estructurales. Históricamente, la sociedad ecuatoriana está atravesada por importantes fracturas regionales y socioculturales. La unidad nacional no pudo reconstituirse sobre la base de un desarrollo regional integrado entre costa y sierra, y las elites no pudieron establecer pactos de gobernabilidad que le dieran consistencia y estabilidad al régimen democrático. Por el contrario, da más bien la impresión de que buena parte de la escena política ecuatoriana está ocupada por los conflictos entre elites monopolizadas por fuertes personalidades que organizan el sistema de partidos a partir de intereses particularistas.[149] Socialmente, la separación entre elites y sociedad, sobre todo cuando ésta es de origen indígena, marca una debilidad crónica de la democracia ecuatoriana y explica la profunda crisis de legitimidad de los sistemas políticos y de la gobernabilidad misma en Ecuador.

La actual crisis de gobernabilidad y legitimidad institucional tuvo sus inicios en 1995, año en que se produjo la primera destitución de una autoridad de alto nivel: el vicepresidente fue depuesto por el Congreso por acusaciones de corrupción. Desde entonces, ningún presidente pudo culminar su mandato. Todos los presidentes fueron

---

[149]   Así, por ejemplo, 5 de los 8 presidentes electos en los últimos 25 años han sido fundadores de partidos (como también lo han sido dos de los vicepresidentes que se encargaron del poder); sin embargo, ninguno de estos partidos ha conseguido ser reelecto. Este hecho quizá pueda explicarse si se toma en cuenta que la participación en partidos políticos, independientemente de que fuese en áreas rurales o en ciudades, no sobrepasa el 4% en promedio en todo el país. El régimen democrático, tal como se ha desarrollado, no ha logrado incluir y consolidar una de las instituciones indispensables para su existencia: la de los partidos políticos. Al respecto, si bien varios presidentes en las entrevistas critican la proliferación de partidos, no hay un cuestionamiento sobre las causas de este fenómeno. De hecho, salvando pocas excepciones, el número de partidos está estrechamente vinculado a los procesos electorales y no al rol de intermediación entre los ciudadanos y la vida política que deberían cumplir de manera sistemática. Ver Abad (2004).

destituidos a través de distintas formas de movilización de la ciudadanía, con participación directa o indirecta de las Fuerzas Armadas.[150]

Simón Pachano señala que las principales dificultades que enfrentan los partidos políticos en este país son: débil institucionalización, constante cambio de reglas, inestabilidad y volatilidad y baja capacidad de representación.[151] En particular, Pachano advierte que si bien es poco probable encontrar un país en el que la votación se distribuya uniformemente en el territorio, en Ecuador se llega a límites extremos.[152] Las diferencias económicas y sociales se ubican en el centro de este hecho, pero también explican este fenómeno las condiciones políticas, especialmente aquellas relativas a la conformación de la cultura política. La política ecuatoriana refleja con claridad la división costa-sierra y la separación elites-sociedad que promueven el surgimiento de conflictos políticos y electorales.

Si bien, según datos de 2005, la evidencia empírica expresaba un claro malestar político-institucional (tan sólo el 33% de los ecuatorianos creía que los partidos políticos y el Congreso eran imprescindibles para la existencia de la democracia, y apenas el 14% se manifestaba satisfecho con ella[153]), actualmente, según el *Informe Latinobarómetro 2010*, esta tendencia habría cambiado: el 40% de los ecuatorianos cree hoy que los partidos políticos y el Congreso son imprescindibles para la democracia y el porcentaje que se manifiesta satisfecho con ella subió al 50%.

---

[150] Para una fotografía detallada de la crisis y las percepciones de los principales dirigentes políticos sobre la misma, véase ODYSEA (2005) y Vega (2005).

[151] Pachano (2004).

[152] Según cálculos efectuados por Mainwaring y Jones (2003), Ecuador posee el nivel más bajo de nacionalización del voto, según la muestra utilizada por los autores.

[153] *Informe Latinobarómetro 2005*.

Por otra parte, en Ecuador existiría una suerte de divorcio entre la política y la economía, ya que las proyecciones económicas resultan bastante optimistas. La dolarización, el elevado precio del petróleo y el incremento de las remesas provenientes del extranjero han posibilitado que la economía cuente con un clima más favorable que la situación general que vive el país. Entre 2000 y 2004, el PIB de Ecuador (medido en millones de dólares de 2000), prácticamente se duplicó, sobre todo debido al incremento del denominado PIB petrolero.[154] Además, se han reducido tanto la pobreza como la indigencia.[155] Ante esta oportunidad, el desafío radica en la capacidad de los liderazgos de las fuerzas políticas y sociales para lograr acuerdos que legitimen las reglas del juego institucional y que, de esta manera, se logre una gobernabilidad sistémica que permita al país lograr políticas de reconocimiento cultural y participación en el sistema de toma de decisiones a los grupos excluidos, en particular a las mayorías indígenas y mestizas.

2.2 Cultura y sociedad

Según el censo de 2001, alrededor del 7% de la población se identifica a sí misma como indígena, pero el porcentaje que habla un idioma originario alcanzaría el 14%.[156] La mayor proporción de indígenas está localizada en la sierra, constituyendo alrededor de tres cuartos de la

---

[154]   Vega (2005).
[155]   *Ibíd.*, p. 6.
[156]   No existe una metodología universal para medir la identidad indígena en los censos nacionales. Los distintos censos en la región la definen de diferente manera. Posiblemente si se aplicara la metodología de los censos bolivianos en Ecuador y Perú el número de indígenas sería mayor; y viceversa, si se aplicaran los criterios de estos países en el caso de Bolivia, disminuiría el número de indígenas en este país. Ver al respecto, en línea: http://www.eclac.cl/publicaciones/xml/6/4436/lcl1204e.pdf#page=335 y http://www.eclac.org/publicaciones/xml/5/23525/notas79-cap4.pdf

población de esa región, mientras que el resto de los grupos indígenas están dispersos en la Amazonía ecuatoriana. El núcleo de la organización social indígena, al igual que en Bolivia y Perú, es la organización comunitaria, generalmente compuesta por unidades familiares ampliadas y diversificadas en términos económicos.

Uno de los fenómenos más relevantes en el largo proceso de transición y ejercicio democrático en Ecuador ha sido el surgimiento de los movimientos indígenas y su creciente politización. Zamosc afirma que el movimiento indígena en Ecuador es de los más organizados de América Latina.[157] Su origen se remonta a los años 1980, cuando se creó la Confederación de Nacionalidades Indígenas del Ecuador (CONAIE). Las luchas que llevó a cabo esta confederación en los años 1990 transformaron al movimiento en una fuerza poderosa que, además de abogar por las demandas indígenas, se convirtió en líder de la resistencia al neoliberalismo.

Este movimiento ha trascendido las reivindicaciones sociales de los indígenas, ya que su impacto alcanza al modelo económico, a la política social y a temas directamente relacionados con la lucha por el poder político y el destino de la democracia ecuatoriana.[158]

En 1997, la CONAIE lanzó el partido Pachacutik para participar en la contienda electoral. Tres años más tarde, en medio de una grave crisis económica y política, la CONAIE acordó con los militares liderados por Lino Gutiérrez derrocar al presidente Mahuad, y generar con aquel una alianza política que los llevó a ganar las elecciones de ese año.

---

[157]   León Zamosc (2007) realiza un importante análisis sobre la trayectoria de este movimiento.

[158]   En la actualidad, existen más de dos mil comunidades indígenas que funcionan como entidades autorreguladas, basadas en la autoridad de sus asambleas (*Ibíd.*).

Más adelante, la experiencia política ecuatoriana se convirtió en una enredada madeja de idas y venidas por parte de las diferentes fuerzas en el poder político, que buscaron lograr la estabilización financiera y aplicar las reformas estructurales. Se puede afirmar que, en general, los distintos gobiernos reformistas partían con legitimidad electoral, pero en la medida en que iban aplicando tales reformas esa legitimidad se esfumaba, llegando a situaciones crónicas de crisis de gobernabilidad con el consecuente cambio de gobierno. Por su parte, la oposición crecía e impedía las reformas, pero no se transformaba por lo general en fuerza de gobierno, y si lo hacía, volvía a reproducir el círculo vicioso narrado.

La situación más interesante se produjo con la alianza entre Pachacutik y el Partido de la Sociedad Patriótica impulsado por Gutiérrez, que logró un cierto equilibrio de poder. Sin embargo, esta alianza se fue desgastando en la medida que Gutiérrez retomaba el realismo reformista, hecho que provocó el crecimiento de la oposición, la ruptura de la alianza y la crisis en el mismo movimiento indígena ya entrado el siglo XXI. Esta nueva crisis mostró su carácter estructural, dejando en claro que no se puede superar con soluciones cesaristas o meramente pragmáticas. El desafío es cómo lograr construir amplias coaliciones que, respetando la diversidad cultural, social y regional, incorporen medidas económicas y políticas que refuercen la unidad nacional y la gobernabilidad democrática.

En este contexto, en Ecuador también son importantes políticamente los sectores medios, que han tenido un rol preponderante en la estabilidad política del país. La ya mencionada "Rebelión de los forajidos", por ejemplo, se inició el 13 de abril de 2005 cuando el entonces presidente Lucio Gutiérrez llamó "forajidos" a los ciudadanos jóvenes que protestaban de manera pacífica en su contra. El 25 de noviembre de 2004, la mayoría gubernamental en el Congreso (el Partido Sociedad Patriótica de Gutiérrez, el Partido Roldosista Ecuatoriano –PRE– y el Partido Renovador Institucional Acción Nacional –PRIAN–) reemplazó a siete de los nueve miembros del Tribunal Constitucional. Y fue entonces que decenas de miles de familias empezaron a salir a las calles, convocadas por jóvenes mediante correo electrónico y teléfonos celulares. Las manifestaciones de los "forajidos" prosiguieron. La mayor de ellas se llevó a cabo la noche del 19 de abril, cuando más de un millón de personas se reunieron en el parque de La Carolina y avanzaron hacia el Palacio de Gobierno para exigir la renuncia del presidente Gutiérrez.[159]

El triunfo del presidente Rafael Correa, paradójicamente, se dio en medio del debilitamiento del movimiento indígena. Sin embargo, varias de las demandas fueron plasmadas en la Reforma Constitucional que experimentó Ecuador. Hoy, el movimiento indígena está en una compleja fase de reconstitución. La cuestión es si las reformas y proyectos de cambio actualmente impulsadas podrán retomar y fortalecer a los actores indígenas, a otros actores sociales y al régimen democrático en general, o más bien será un proceso de reformas sustentado en un liderazgo presidencial decisioncita basado en el poder del Estado.

En los primeros días de 2011, el presidente Correa cumplió cuatro años a la cabeza de la que denominó la "revolución ciudadana" y, con algunos sobresaltos, sin duda el período de mayor estabilidad política desde 1996. Para Ecuador, 2007 fue el año de la Constituyente que, con conflictos y expectativas, develó las contradicciones propias del país y también las distancias entre movimientos sociales y gobierno. En el año 2008 fue aprobada la Constitución; 2009 fue el año de la ratificación y la segunda elección de

---

[159]   Disponible en línea: http://exteriores.libertaddigital.com/articulo.
php/1276230020

Correa, con la promesa de avanzar más decididamente en la "revolución ciudadana". En el 2010, el proyecto de Correa se fue mostrando más como una combinación entre orientación nacional popular y reformismo práctico, y se generó mayor distancia con los movimientos sociales. Así, entramos al 2011, año en el que el gran dato quizá sea el desgaste acumulado pero también la vitalidad de una propuesta. Esta doble orientación entre un reformismo práctico asociado con orientaciones nacional-populares aparentemente organizan la combinación política ecuatoriana; el futuro dirá si este proceso de reformas podrá asociar integración social con pluralismo democrático.

3. Perú

3.1 Política y economía

La dinámica política peruana se caracteriza por importantes ciclos de inestabilidad y excepcionalidad institucional que impidieron dar un sentido sólido de continuidad al régimen democrático. Se trata de una sociedad atravesada por herencias coloniales no resueltas y nuevas formas limitadas de capitalismo que no han logrado consolidar un Estado-nación capaz de unificar y cohesionar una sociedad regional y culturalmente heterogénea.[160]

Para Nelson Manrique, la precariedad de la democracia en el Perú posee una profunda relación con el centralismo. La construcción de Perú como nación se llevó a cabo en función de un patrón de desarrollo desigual que ha concentrado los recursos en determinadas ciudades del litoral, en particular en Lima, Arequipa y Trujillo. Este proceso llega a su extremo en Lima, ciudad que concentra prácticamente

---

[160]   Cotler (1979).

la totalidad de los circuitos de poder. Por otro lado, además de la desigual distribución de los recursos económicos y humanos, existe un patrón de desarrollo que profundiza las desigualdades.[161]

El autor señala que para construir la democracia en Perú es necesario abarcar distintas formas de representación, que hasta ahora han negado la diversidad existente en la sociedad peruana al intentar imponer la homogeneidad en torno a la cultura criolla. Esta propuesta claramente ha fracasado debido a la crisis de la identidad criolla que, dado su carácter colonial, había quedado muy atrasada al momento de emprender un proceso de modernización. El desafío actual sería entonces construir formas de representación que abarquen la pluralidad y diversidad de la nación.[162]

Al igual que en otros países, en Perú el panorama económico parece mejor al político. Desde el punto de vista macroeconómico, el desempeño de Perú durante los últimos quince años ha sido satisfactorio y las elites consultadas en un reciente estudio consideran que la tendencia se mantendrá. No obstante, las mismas elites creen que el país se encuentra en una situación de pre crisis; visión compartida por empresarios, líderes políticos y de opinión. Éstos consideran que los problemas del país, en especial la conflictividad social, se mantendrán en sus niveles actuales o se incrementarán. La población en general, mientras tanto, no está satisfecha con la actual situación de Perú, y juzga de forma muy negativa a los políticos, a los partidos, al gobierno y al presidente mismo.[163]

La debilidad del sistema de partidos y la conflictividad social son datos permanentes de la sociedad peruana.

---

[161]   Manrique (2006).
[162]   *Ibíd.*
[163]   Achard *et al.* (2009).

Martín Tanaka sostiene que una parte importante de los problemas que enfrenta la democracia en Perú se relacionan con la inexistencia de un verdadero sistema de partidos, lo cual se traduce en un elevado grado de volatilidad electoral y en la aparición de figuras "independientes" que, aunque renuevan la escena política, también la dotan de un alto grado de improvisación, tornándola muy vulnerable a la proliferación de intereses particulares y al desarrollo de fuerzas antisistémicas.[164]

A nivel regional, Perú es el país con mayor volatilidad electoral y menor estabilidad de partidos. Asimismo, el nivel de confianza en los partidos políticos y la proporción de personas que los considera indispensables para el progreso es menor al promedio de América Latina.[165] Esto se expresa en los altos niveles de fragmentación electoral. Por ejemplo, en las elecciones generales de 1995, 2000 y 2001, se presentaron 14, 9 y 8 candidatos presidenciales; y 20, 10 y 13 listas para el Congreso, respectivamente.[166]

Esta gran variabilidad de las preferencias electorales y la debilidad del sistema de partidos revelan que numerosos sectores de la sociedad peruana no han encontrado aún una expresión política para sus demandas, asunto que no es sencillo ante un panorama tan cambiante. En los últimos años han ocurrido numerosos cambios en el país: han desaparecido algunos sectores sociales, otros se encuentran en etapa de constitución y las organizaciones políticas tradicionales tendieron a perder peso.[167]

---

[164]   Tanaka (2004).
[165]   Tanaka y Barrantes (2006).
[166]   *Ibíd.*
[167]   Por ejemplo, Acción Popular (partido de Fernando Belaunde Terry) fue elegido en 1980 con el 45% de los votos; cinco años después sólo alcanzó el 4%. El APRA, que en 1985 obtuvo la presidencia con el 56% de los votos, no pudo inscribirse oficialmente en 1995 por no lograr el 5% de respaldo. En las elecciones de 1990 y de 2001 ganaron dos candidatos independientes: Alberto Fujimori y Alejandro Toledo (*Ibíd.*).

No obstante, parecen surgir nuevos tipos de liderazgos y reciclarse otros.

Este descrédito de las organizaciones políticas habría dado lugar al surgimiento de nuevas organizaciones sociales que, de acuerdo con Carlos Tapia, estarían desarrollando actividades que podrían llegar a cambiar la matriz política nacional. Para este autor, la voluntad política que planifica la gestación y dirección de las protestas responde, en parte, a una estructura ideológica, secuela de la lucha armada de Sendero Luminoso, que a partir de 1993 comenzó una etapa de adaptación a las nuevas condiciones expresadas en la búsqueda de acuerdos de paz y de salidas políticas a las consecuencias de la lucha armada. Pero no sólo los simpatizantes de Sendero Luminoso fomentaron las protestas sociales; también existirían diversos activistas y líderes locales que coinciden con sus consignas y surgen debido a la crisis y sensación de abandono en ciertos sectores sociales. El denominado neosenderismo comprendería una amalgama de organizaciones sociales que, si bien se unen en las protestas y demandas políticas, difieren en términos sociales.[168]

Por su parte, Eduardo Ballón afirma que las crecientes movilizaciones sociales ocurridas en Perú dan cuenta de los efectos negativos de las disputas entre grupos de poder local, motivados por las posibilidades de controlar recursos e influencias ante la fragilidad de los mecanismos de participación ciudadana, que evidencian la fragmentación y dispersión de la sociedad civil peruana.[169]

Como dijimos al comienzo del capítulo, en la segunda vuelta electoral del año 2006 se enfrentaron los candidatos Ollanta Humala, del entonces partido Unión por el

---

[168] Tapia (2004).
[169] Ballón (2004).

Perú, y Alan García, de la Alianza Popular Revolucionaria Americana (APRA) o Partido Aprista Peruano. Humala presentó un plan de gobierno que puede calificarse como neodesarrollista, mientras que el de García apuntó a una suerte de modernización económica pragmática. Entonces resultó ganador Alan García, pero hoy asistimos a un cambio y la presidencia del Perú es disputada por Ollanta Humala y Keiko Fujimori.

Las elecciones de 2011 fueron, según IPSOS Apoyo, las más reñidas de la historia reciente del Perú.[170] Y es que al principio de la campaña electoral era casi impensable que Keiko y Humala disputaran la presidencia en segunda vuelta, primero porque se disputaban un mismo electorado, y segundo, porque Toledo se mostraba como el más firme candidato. No obstante, como suele suceder en las elecciones peruanas, el candidato favorito (en este caso Toledo) no pasó a segunda vuelta, y los peruanos deberán elegir entre dos candidatos. Keiko Fujimori, en una curiosa combinación entre modernización conservadora y populismo, y Humala, que ha desplazado su discurso de una impronta nacional popular hacia un reformismo práctico. Sin embargo, la reciente victoria de Humala y la correlación de fuerzas en el parlamento y en la sociedad peruana plantean escenarios de concertación como requisito de gobernabilidad.

Otro dato de las elecciones peruanas tiene que ver con el evidente debilitamiento de los partidos tradicionales. El APRA ha perdido un terreno considerable y para estas últimas elecciones no presentó candidato presidencial, y las opciones regionales, aunque acopladas a partidos tradicionales debido a limitantes del propio sistema peruano, han logrado concentrar aproximadamente el 65% de la votación regional.

---

[170]   *Opinión Data*, año 11, núm. 142, Ipsos APOYO, Perú.

Pero ¿logrará el Estado peruano construir mejores mecanismos de distribución de los beneficios del crecimiento entre todos los peruanos? ¿Será el nuevo presidente capaz de generar una política económica y social inclusiva, sin desacelerar el crecimiento económico y sin poner en riesgo la gobernabilidad?

3.2 Cultura y sociedad

Según datos del Banco Mundial, casi la mitad de los hogares peruanos (el 48%) puede considerarse indígena. El porcentaje corresponde a los hogares "en los que el jefe de hogar y/o su esposa tienen padres o abuelos que hayan tenido lengua materna indígena".[171] En el país existen aproximadamente 72 grupos etnolingüísticos, cuyos orígenes se remontan a culturas andinas y amazónicas sobre todo, al tiempo que un complejo proceso de interculturalidad entre población originaria y población procedente de Europa, Asia (especialmente chinos y japoneses) y África dio como resultado una fuerte presencia mestiza.[172]

Sin embargo, a pesar de la alta presencia indígena en la población, las manifestaciones y los movimientos sociales vinculados a demandas de tipo étnico son débiles. En este

---

[171]   Ver en línea: http://web.worldbank.org. Aunque hubo en los últimos años cambios positivos en términos de participación de la población indígena en el consumo, según la misma fuente, "más del 55% de las personas en el decil más bajo son indígenas, mientras que tan sólo un 10% en el decil más alto lo es". Ello muestra la desigualdad que afecta en particular a la población de origen indígena. Un dato que reafirma lo antedicho es que mientas el 53% de los hogares indígenas accede a agua potable y el 30% a alcantarillado, en los hogares no indígenas los porcentajes se elevan a 66 y 53% para estos servicios. Esto se vincula, en parte, a que en las zonas rurales, donde el acceso a los servicios es en general menor, la población indígena es mayoritaria. Sin embargo, cabe aclarar que actualmente más del 70% de la población en el Perú es urbana.

[172]   Véase en línea: http://www.laneta.apc.org/rci/organinteg/coppip.html

sentido, Carlos Iván Degregori se pregunta por qué no hay hasta ahora movimientos étnicos en el Perú, para responder que el tema central residiría en que las demandas de tipo étnico-cultural fueron sobrepasadas por demandas de tipo clasista.

En Perú, a partir del siglo XIX, la identidad indígena fue adquiriendo una connotación de clase al asociarse a la del campesino pobre. En el siglo XX, las luchas de esta población se centraron en la recuperación de tierras y en el acceso a educación como vía para "ingresar" a una cultura nacional hispanohablante y terminar con el poder que los mestizos (*mistis*) ejercían como intermediarios entre las elites criollas y los indígenas. En este sentido, las luchas de los indígenas tenían una connotación clasista que no reivindicaba el origen sino más bien la integración en los procesos nacionales.

Durante gran parte del siglo XX el Estado impulsó un discurso indigenista a través del cual se intentaba integrar a esta población a la cultura nacional concebida desde una perspectiva homogeneizadora en torno a lo mestizo.[173] Varias medidas a lo largo del siglo dejan en evidencia esta intención estatal. Por ejemplo, en 1920 se reconoció constitucionalmente a las comunidades indígenas, pero ello fue utilizado por los indígenas más para reclamar su derecho a la tierra (es decir, desde su posición de clase), que para canalizar demandas étnico-culturales. Otro hito fundamental fue la reforma agraria de 1969, precedida por la lucha de movimientos campesinos, agrupados en comunidades, sindicatos y federaciones, que entre 1958 y 1964 tomaron cientos

---

[173] "Sin embargo, en un contexto de dominación oligárquica excluyente y predominio hispanista, el indigenismo jugó un papel progresivo, y las políticas indigenistas estatales representaron el tránsito a nuevas formas de dominación más modernas y hegemónicas". (Degregori, 1999: 10).

de miles de hectáreas. Con todo, a diferencia de lo que ocurrió en otros países, los movimientos campesinos fueron limitados.[174]

Por otra parte, entre las medidas asumidas por el gobierno del general Velasco (1968-1975), el término "indio" se reemplazó por el de "campesino" en el lenguaje oficial, y se reconoció al quechua como idioma oficial. Pero este reconocimiento no se puso en práctica, no sólo "por desidia gubernamental sino porque [aparentemente] la reivindicación lingüística no era prioritaria en la agenda de las propias poblaciones quechuas".[175] Así, en el período del gobierno de Velasco se incluyeron en el ámbito nacional asuntos vinculados al plano étnico-cultural, pero no desde una perspectiva de aceptación de la diversidad sino más bien de homogeneización cultural a partir de lo nacional.

De la misma manera, factores como la complejización de los pueblos originarios, producto de las migraciones campo-ciudad, la recuperación de tierras, la diversificación de organizaciones campesinas, etc., implicaron un fortalecimiento de las demandas clasistas sobre las étnico-culturales. Los discursos de los dirigentes campesinos desde los años 1960 y de los jóvenes hijos de migrantes a la ciudad, ya con acceso a educación secundaria y universitaria, no se centraron en la reivindicación étnica.

Degregori plantea que este proceso se habría producido básicamente por dos factores: en primer lugar, desde el siglo XIX, criollos y mestizos se habrían apoderado en gran medida del "capital simbólico" con el cual la población indígena hubiera podido reconstruir su identidad étnica;[176] y en segundo lugar, el marxismo en el Perú seguía

---

[174]　*Ibíd.*, p. 10.
[175]　*Ibíd.*, p. 11.
[176]　Ello porque en respuesta a una "apropiación por parte de la elite criolla de la tradición inca-imperial, dejándoles a los quechuas y aymaras de carne y hueso la tradición india-servil", y para competir con la elite, "sec-

fuertemente la línea maoísta campesinista, ofreciendo a los indígenas-campesinos un proyecto político alternativo que no reivindicaba su identidad étnica sino de clase. Por ejemplo, la fuerte presencia de esta ideología en el magisterio (al cual ingresaban los jóvenes indígenas) hizo que se difundiera entre esta población una visión dogmática y autoritaria de la sociedad centrada en las contradicciones de clase.

El caso de Sendero Luminoso es en particular ilustrativo en este contexto, pues no se trató de "violencia indígena", sino más que nada de la violencia de sectores mistis provincianos que se sentían oprimidos y discriminados por las elites criollas de Lima, pero que al mismo tiempo se sentían superiores a los campesinos indígenas por su educación. Así, la violencia de Sendero Luminoso contra el campesinado andino, en especial el quechua, y contra los asháninkas de la Amazonía, tendría como trasfondo el desprecio étnico que los mistis tradicionales sentían por los indios.[177]

¿Podría entonces concluirse que los procesos de mestizaje asociados a una visión que favoreció las demandas de clase sin reivindicar el origen étnico explicarían, en gran medida, la debilidad del movimiento indígena en el Perú? Probablemente, pero más allá de esto, queda claro que en Perú, y en los países andinos en general, sigue pendiente la necesidad de una articulación profunda entre reforma social y pluralismo democrático. Este, sin lugar a dudas, sigue siendo uno de los principales desafíos del futuro.

---

tores de mestizos se apropiaron de manera mucho más decidida de la herencia inca-imperial, y también de la tradición indígena comunitaria", que habría sido incorporada por el Estado incluso antes del gobierno de Velasco (*Ibíd.*, p. 12).

[177] Coronel (1996).

Capítulo IX
Interculturalismo[178] y Modernidad:
la Bolivia posible[179]

¿Qué es lo que está en juego hoy en Bolivia? Las posibilidades de un salto tanto en términos del desarrollo como de la democracia. Hoy es posible lograr avances en los niveles de igualdad entre diferentes grupos socioculturales y en la generación de un crecimiento económico socialmente incluyente. Pero eso no es todo: parece probable que la democracia también prospere en términos sustantivos, en términos de un genuino reconocimiento al pluralismo sociocultural. Es decir, parece posible lograr una mayor y mejor distribución del poder y de los beneficios del desarrollo: ni más ni menos que un nuevo orden. Pero no es fácil: también existe una chance de configuración de escenarios de descomposición, crisis y caos, chance que aumenta si prevalecen la lógica del enfrentamiento y la confusión política por sobre la de la negociación y la construcción clara de acuerdos, sobre la capacidad de deliberar y de escuchar al "otro". Son factibles, incluso, escenarios de descomposición nacional. En este caso, los líderes estarían reafirmando en los hechos la tesis neocolonial del "Estado fallido", tan reiterada por algunos analistas de Estados Unidos y de varios países de la región. Y hasta se justificaría la tesis sobre la "polonización" de Bolivia que defendió Pinochet, e incluso, las tesis ultramontanas que aspiran a escenarios de conflicto armado en América Latina.

La búsqueda de un nuevo orden es entonces un camino plagado de intereses contrapuestos, de miradas parciales

---

[178]   El interculturalismo, a diferencia del multiculturalismo, supone el intercambio y el entendimiento entre diferentes.
[179]   Las principales fuentes de información provienen de las encuestas y de los grupos focales del *Informe de Desarrollo Humano de Bolivia 2004*.

y de pasiones a veces incontrolables. En realidad, las posibilidades tienen que ver principalmente con la capacidad política de los actores y líderes con los cuales cuenta el país, pero también, con las acciones, los intereses y las percepciones que tienen sobre el proceso boliviano los distintos actores internacionales que inciden en la realidad boliviana. Y, desde luego, con la evolución de una economía crecientemente internacionalizada. Con todo, parecen existir algunas referencias básicas de bien común, que pueden permitir impulsar con realismo democrático las reformas en curso. Estas referencias se sustentan en la conciencia social de la diversidad estructural y sociocultural que hacen a Bolivia, y especialmente, en los sentimientos generalizados de la mayoría de los bolivianos respecto de las formas negociadas de resolución de conflictos. Parece claro que no es posible una salida impuesta, por lo que las opciones necesariamente tendrán que ser acordadas. En el centro del proceso anida una demanda de mayor justicia distributiva.

Estas referencias básicas, por supuesto, no niegan el conflicto: simplemente suponen una nueva forma de procesarlo. De cómo se conjuguen los intereses político-culturales dependerá el curso de la historia. Pero la oportunidad existe, y será más real en la medida que se reconozca una nueva gramática de conflictos en la construcción de un nuevo orden, que las propuestas de ese nuevo orden privilegien una lógica deliberante y de búsqueda de resultados concretos, y sobre todo, que predomine un código de comportamiento democrático para construir el bien común, que en Bolivia se podría denominar "códigos del 94".[180]

----

180   El equipo nacional de fútbol que incidió decisivamente en la clasificación de Bolivia al Mundial de 1994 desarrolló un código de trabajo basado en un sentido de responsabilidad, una lógica de proporciones adecuadas al contrincante y un fuerte deseo de ganar. Estas actitudes

Quizás un escenario ideal de emancipación ciudadana supondría que los movimientos socioculturales busquen transformar a los excluidos en protagonistas sin generar nuevos tipos de exclusión, pues más allá de identidades culturales arraigadas o cambiantes, la gran mayoría nacional optó desde hace muchos años –y opta cada día– por el derecho al reconocimiento cultural de unos y otros, por la negociación sobre el enfrentamiento. Es decir, la sociedad elige la democracia. Pero esta democracia necesita renovarse con un nuevo orden institucional, con mayor participación ciudadana y mejor representación política.

Como se sabe, no se avanza sin riesgos pero tampoco por atajos. La construcción de un nuevo orden cultural y social seguramente atravesará un largo ciclo histórico en el cual la sociedad, los gobiernos, los partidos y todos los actores se irán renovando mientras la misma realidad boliviana vaya cambiando. En este sentido, es fundamental tener una visión del futuro como un proceso lleno de obstáculos en el que la sociedad no sea un ideal inalcanzable sino una noción que pueda mejorarse constantemente a sí misma. No se trata de construir un paraíso, sino un mundo mejor.

En síntesis, la cuestión es cómo las capacidades políticas de los actores logran combinar orden sociocultural con orden político-institucional y desarrollo económico. Las posibilidades son múltiples. Si el orden sociocultural busca cambiar las jerarquías étnico-culturales, territoriales y sociales por un principio estructurante equitativo –es decir, ciudadano–, necesita cambios institucionales que recojan un principio de justicia distributiva respaldada en un crecimiento económico que vaya más allá del uso del gas y de los recursos naturales, más allá del imaginario rentista tan arraigado en buena parte de las elites y de la sociedad

---

daban al equipo una gran coherencia en el juego. Conjugaban también la jugada del instante con la perspectiva del partido.

boliviana misma. Si los avances sociales son menores, los cambios institucionales y de desarrollo van a quedar en la superficie. Empero, el mayor peligro es que se piense que avanzando en un ámbito se avanzará necesariamente en los otros, o que se puede avanzar en todo muy rápido y sólo por la iniciativa de algunos o por una lógica de presiones. El cambio es complejo y obliga a una mirada amplia y a una práctica responsable; resulta imprescindible aprender a navegar entre vientos contrapuestos; es fundamental redefinir la idea del bien común a través de un espacio público transparente y, sobre todo, es necesario aprender a manejar los "códigos del 94".

Nuevo orden sociocultural en Bolivia

A pesar de tremendos sacrificios históricos, la construcción nacional boliviana ha sido complicada e inconclusa. El dominio incompleto del territorio, la construcción limitada de un imaginario boliviano que incluya la diversidad cultural y la presencia de una institucionalidad política socialmente legítima aún son metas pendientes. Bolivia necesita ser recreada y definida por su horizonte. Los bolivianos, en buena medida, buscan fortalecer en su diversidad una conciencia de continuidad histórica y redefinir una comunidad democrática en la cual las múltiples diversidades convivan, se toleren y puedan hacerse concesiones recíprocas. Ellas mismas reclaman construir una comunidad ciudadana genuina.

Como sabemos, el país puede ser caracterizado por la persistencia de importantes comunidades étnicas, regionales, clasistas o religiosas, por minorías de todo tipo donde distintas asociaciones comparten valores y sentidos propios que las diferencian unas de otras e instituyen un *nosotros* y un *otros* en torno de identificaciones distintas.[181] Pero esta diversidad cultural no garantiza un pluralismo democrático. La interculturalidad puede ser una forma de pluralismo pero también un espacio fragmentado por múltiples intolerancias. Puede, pues, desarrollarse un interculturalismo antidemocrático y antipluralista crónico. De hecho, eso es lo que ha predominado en la historia nacional y tiene también una tremenda fuerza en la actualidad.

Sin embargo, es importante mencionar que existen signos alentadores: entre otros estudios, una encuesta ratifica de forma asombrosa las aspiraciones y los deseos instalados transversalmente en la sociedad boliviana. Son valores y aspiraciones de autoestima, unidad y apertura genuina al cambio: el 97% se siente orgulloso de ser boliviano; el 92% piensa que para que Bolivia progrese se requiere "pensar primero en el bien del país en su conjunto"; y el 72% piensa que en 2025 le gustaría ver un país abierto al mundo y que preserve su cultura.[182]

Desde este punto de vista, parecen existir bases para construir en adelante un consenso pluralista entre los distintos grupos socioculturales nacionales que, articulando intereses y mentalidades posiblemente discrepantes, aspiran a una sociedad mejor. Si este es el deseo colectivo de los bolivianos, es posible imaginar un futuro consenso basado en el reconocimiento, en los compromisos y las convergencias en continuo cambio entre visiones y ópticas muy diferentes e incluso opuestas.

Por otra parte, más allá de las demandas de dignidad, en el imaginario del boliviano también están el pesimismo y las posibles tendencias a la desintegración y la

---

[181] En este sentido, por ejemplo, el idioma quechua tiene dos ideas de *nosotros*: una (*nokaiku*), restringida a la comunidad directa cercana; la otra (*nokaikinchejchu*), ampliada a un conjunto de comunidades o espacios.

[182] PNUD (2004).

autodestrucción.[183] Pero bajo una óptica democrática se debe partir de los deseos y las aspiraciones de la gente. Un consenso de futuro aparece pues instalado como deseo en el horizonte social, y para que éste sea posible necesita someterse al análisis crítico sobre sus posibilidades. En el corazón de este drama anidan la multiculturalidad y la multietnicidad nacional.

Rasgos básicos del multiculturalismo

Un aspecto crucial en el multiculturalismo boliviano es el de la multietnicidad. Si se profundiza en el análisis de algunos datos, es posible detectar una estratificación étnica en las distintas regiones del país en las que el altiplano rural tiene una importante composición exclusivamente indígena, un notable mestizaje y una menor población criolla; en los llanos, la población criolla es importante, la exclusivamente indígena baja y el mestizaje alto; y en los valles predomina el mestizaje, aunque también hay concentración de otras etnias.[184] Bolivia es entonces multicultural con importantes rasgos de interculturalidad étnica.

---

[183]   A este propósito es ilustrativo el denominado teorema de Almaraz: el 65% de los sectores altos piensa que puede mejorar su situación personal, pero sólo el 21% piensa que puede mejorar la situación del país; mientras que el 31% de los pobres y el 33% de los muy pobres piensa que puede mejorar la situación del país y el 50% de ellos percibe que puede mejorar su situación personal. Es decir, mientras más rico, más optimista respecto de su posición individual, y mientras más pobre, más optimista respecto de la situación nacional (*Informe de Desarrollo Humano Bolivia 2002*).

[184]   Así, según los datos del Censo de 1992, el 25% de los bolivianos se considera aymará, el 31% quechua, el 6% parte de otros grupos indígenas y el 38% se percibe involucrado en múltiples identidades (criollos, mestizos y otros). A pesar de que estos datos muestran un multiculturalismo evidente, dichas adscripciones identitarias se comunican entre sí en espacios interculturales que vale la pena tomar en cuenta. Según la

Pero ese es tan sólo un aspecto entre otros en la multi-culturalidad boliviana: la superposición de la estratificación social y la étnica, la baja tolerancia social y la ausencia de una tolerancia política plenamente incluyente marcan los conflictos que vive el país.[185]

En cuanto al primer punto, los sectores socioeconómicos altos y medios están compuestos sobre todo por criollos y mestizos, mientras que los medios-bajos, pobres y pobres extremos tienden a estar conformados por indígenas.[186] Esto muestra que en Bolivia no sólo hay una compleja interculturalidad,[187] sino que además ésta a su vez está asociada a la estratificación social y étnica, que tienden a confluir. Por lo tanto, los problemas del desarrollo y de la lucha contra la pobreza están directamente asociados

---

encuesta realizada por el *Informe de Desarrollo Humano Bolivia 2004*, el 64% de los aymaras se siente también mestizo, igual que el 89% de los quechuas. Esa es la sensación del 76% de la población boliviana. Queda en evidencia un multiculturalismo con claros vasos comunicantes.

[185] Vale la pena, empero, mencionar que los indígenas tenían una partici-pación del 30% en los escaños parlamentarios, porcentaje muy superior a cualquier otro país latinoamericano. Actualmente el porcentaje casi se ha duplicado

[186] Sin embargo, también se registran tendencias contrapuestas menores; así, en la encuesta mencionada de 2004, el 4,6 y el 11% de gente que declaró una identidad étnica indígena se ubicaba en los grupos so-cioeconómicos altos y medios, respectivamente; mientras que el 13% de los supuestos criollos serían pobres.

[187] Si se agrega la variable "práctica religiosa", el panorama es aun más complejo. Así, por ejemplo, el 61% de los bolivianos practica una vez al mes el culto católico; el 7,5% practica un culto protestante; el 14,1% el pentecostal y de otros movimientos cristianos; menos del 1% practica cultos nativos (se debe recordar que la gran mayoría de los bolivianos practica ritos y mitos de origen precolonial que no se declararon en esta encuesta); y el 17% no asistió a ningún culto religioso. Por otra parte, se podría complejizar el análisis cruzando estas prácticas religiosas con indicadores socioeconómicos, edad, identidades étnicas y contextos regionales, para mostrar que también existe en el país una importante complejidad multirreligiosa. Lo que en democracia supone el desarrollo de Estado laico.

a la persistencia de una estratificación de origen colonial que convive con un débil proceso nacional de integración social.[188]

En cuanto al segundo, empecemos remarcando que una comunidad democrática es aquella donde los diferentes se respetan con ecuanimidad y se otorgan concesiones mutuas. Un sujeto tolerante es alguien que, además de tener convicciones propias, asume que los otros tienen derecho a desarrollar otras visiones. La tolerancia es flexible, pero tiene límites: por ejemplo, no se puede tolerar comportamientos que generen daños, y en ese sentido, la tolerancia debe ser recíproca. Es importante siempre dar razones respecto de lo intolerable. Como las comunidades cerradas y negadoras de los diferentes limitan el pluralismo constitutivo de la democracia, este es un tema de primera importancia, sobre todo si estas orientaciones están asentadas en grupos sociales pobres y excluidos.[189]

Según el PNUD Bolivia (2004), el Índice de Tolerancia Social por estrato socioeconómico y adscripción étnica muestra que la baja tolerancia frente al otro es un rasgo relativamente generalizado en toda la población boliviana.[190]

---

[188] Se entiende por estratificación socioétnica de tipo colonial a la super-posición de identidades propias de la explotación económica y de la heterogeneidad cultural, producto de la conquista española y de las sociedades indígenas precedentes.

[189] La "dialéctica de la negación del otro", a la que nos referíamos en el capítulo IV, puede ser un importante recurso para entender la lógica de la discriminación.

[190] El Índice de Tolerancia mide el grado en que las personas se sienten o sentirían cómodas teniendo como socio a alguien que consideren racial o culturalmente distinto, y que en caso de conflicto tratarían de comprender sus razones. Este índice se calculó haciendo primero un análisis factorial, que mostró que la variable representativa dentro del conjunto de preguntas destinadas a medir tolerancia social en la Encuesta de Capacidades para el Desarrollo Informacional 2003 (ECADI-03) era la de "socio". Definida esa variable, se sumaron sus diferentes combinaciones (aymara, quechua, blanco, cholo, gringo) y

El promedio de personas tolerantes en los grupos sociales encuestados fue de aproximadamente el 25%, y se observa que los sectores socioeconómicos altos y medios tienden a ser más tolerantes que los medios-bajos y bajos. Asimismo, los grupos indígenas se muestran más intolerantes que los criollos y otros grupos, mientras los mestizos aparecen como más abiertos a la convivencia intercultural.

En líneas generales, por lo tanto, puede decirse que la baja tolerancia social observada está más asociada con la diferenciación socioeconómica que con las distinciones étnicas. Por lo tanto, la conclusión que se desprende de estos datos consiste en que sólo promoviendo la inclusión social y el desarrollo es posible desactivar o moderar la intolerancia entre bolivianos de distintos orígenes.

En síntesis, si bien existe una cierta interculturalidad que afirma la reconstrucción de un *nosotros* nacional amplio, su culminación en una comunidad democrática está fuertemente obstruida debido a que una estratificación social inequitativa ayuda a reforzar la discriminación étnica y obstaculiza la igualdad ciudadana. Al mismo tiempo, aún existen en Bolivia peligrosos niveles de intolerancia social, y en el plano político, esto se acentúa con altos márgenes de discriminación política contra el indígena, pero que se extiende también a minorías presentes en toda la sociedad. La paradoja boliviana consiste en que si bien hay condiciones sociales y culturales para una interculturalidad democrática en el plano cotidiano de la convivencia, las inequidades sociales y la discriminación política contra el indígena persisten en bloquearlas. Probablemente, estas tendencias estén siendo modificadas o redefinidas en la actualidad.

---

se estandarizaron los resultados de 0 a 1, para luego cruzar esta nueva variable llamada "de convivencia" con la pregunta 53 de la ECADI-03, que mide la disponibilidad de las personas para resolver conflictos. El Índice de Tolerancia finalmente obtenido distingue personas con alta y baja tolerancia.

La identidad en Bolivia

La identidad se construye, personal y culturalmente, dentro de una red de relaciones sociales donde se ponen en juego situaciones de poder. Es interesante acercarse a comprender las formas en que, en esa dinámica personal, social y cultural, se conjugan distintos aspectos que "definen" una identidad. La identidad no se comprende aquí como una esencia eterna o permanente, sino como un conjunto de elementos, sentimientos, creencias y rasgos propios que son capaces de cambiar según distintos contextos y que dan sentido a los individuos, a los grupos y a las sociedades.

Los valores, creencias, proyecciones, actitudes y percepciones constituyen, entre otros factores, la subjetividad de las personas, y los rasgos de tal subjetividad son fundamentales para entender las posibilidades del desarrollo y la democracia. Todo lo que la gente siente y percibe son condiciones para enfrentar el cambio. Por otro lado, no hay cambio sin trastornos en la subjetividad de las personas. El desafío consiste en cómo éstas los viven y con qué instituciones, lazos, capitales sociales y recursos psicológicos de autoestima, confianza y dignidad cuentan para enfrentar tales mutaciones sin que se impongan situaciones de desestructuración social y personal.

Cabe resaltar que la sociedad boliviana tiene una rica cultura para vivir en la adversidad y transformar situaciones límite en nuevas opciones de existencia. Hoy enfrenta de manera estoica los avatares de un cambio que la excluye y parece que la condena, pero, una vez más, resiste y busca caminos basados en el diálogo y en el reencuentro intercultural. Y si bien es cierto que muchas veces el camino está acompañado por críticas y protestas que no alcanzan a transformarse en opciones de desarrollo y que las personas y los grupos terminan refugiándose en retraimientos

comunitarios o en la reconfiguración de ideologías de-
cimonónicas, incluso autoritarias, también es cierto que
con ello plantean una voluntad de inclusión y movilidad
social. El boliviano busca el cambio moderno y enfrenta el
riesgo, pero también tiene dificultades para hacerlo. Está,
pues, en la encrucijada.

Analizando algunos datos, podemos ver que, en general, los bolivianos tienen una importante disposición
a asumir el cambio. Por ejemplo, según el Informe de
Desarrollo Humano de 2004 de Bolivia, el 65% tiene una
actitud positiva ante situaciones adversas ("siempre se
puede salir adelante y empezar de nuevo"). Frente a una
competencia abrumadora, el 78% trata de mejorar su propio
trabajo, el 55% piensa que Bolivia tiene que modernizarse
aunque pierda algo de su cultura, y el 84% opina que Bolivia
debe tener un amplio acceso a Internet. Existe pues una
evidente predisposición a cambios vinculados al desarrollo
informacional y a la globalización; el problema es que, paradójicamente, sólo el 35% está dispuesto a asumir riesgos
para mejorar sus condiciones actuales.

A mi juicio, esta tensión entre cambio y riesgo está
profundamente vinculada con los niveles de desigualdad y
pobreza y con identidades culturales arraigadas con fuerza.
Parecería que los grupos más pobres tienen dificultades
para asumir riesgos porque hacerlo supondría exponer
al máximo su propia capacidad de supervivencia social,
mientras que las comunidades culturales fuertes en los
llanos y el occidente no desean cambiar, e incluso pueden
arriesgarse para mantenerse sin cambios. Pero a veces los
que pueden perder incluso su supervivencia se arriesgan
a cambiar.

Por otro lado, se evidencia un rechazo a una mayor
apertura de la economía boliviana hacia el mercado exterior: el 76% de la población encuestada se pronuncia
en esta dirección, y sólo el 22% tendría una disposición

positiva. Quizás estas percepciones provienen de las experiencias negativas traídas por las reformas estructurales y la globalización.

Al ver estos datos, da la impresión de que sólo se podrá lograr una vinculación fecunda entre subjetividad y globalización si la sociedad misma se hace cargo de las tensiones que tales relaciones suponen; es decir, si la sociedad y sus actores desarrollan sus capacidades para vivir los riesgos que implica la globalización. Y aun más, podemos decir que la única forma de que la globalización sea sostenible es que la sociedad la asuma de manera intersubjetiva. Por consiguiente, el tipo de trama social de una sociedad es fundamental para asumir los costos del cambio: si en ésta predomina la exclusión y fragmentación social, mayor será el miedo a asumir el riesgo y menor la sostenibilidad de la globalización dentro de los marcos democráticos.

Interculturalidad y Modernidad

El interculturalismo se expresa sobre todo en la pregunta por las posibilidades que tienen las distintas culturas de convivir en un mundo desigual. La relación entre globalización, multiculturalismo y Modernidad es difícil, cambia constantemente y constituye el contexto en el que se produce la agregación de mercados que si bien poseen una base cultural, se sostienen casi de manera exclusiva en intereses económico-comerciales. Ahora bien, no sólo la integración económica entre distintos países tiene consecuencias sobre la aceptación cultural; la cultura a su vez actúa con fuerza sobre los procesos de integración económica. De hecho, las diferencias culturales, al contrario de las económicas o ideológicas, no son intercambiables, y además, precisamente los fundamentos culturales son los que proveen una imagen sobre la política, la economía y la ideología.

Un buen ejemplo de cómo la cultura incide en las posibilidades de entendimiento entre los distintos países que plasman acuerdos comerciales es el de las relaciones entre Japón y Estados Unidos, ya que allí la diversidad de culturas ha acarreado múltiples dificultades que han obstaculizado las relaciones económicas. Buena parte de las tensiones entre ambos países se ha originado en trabas culturales que han impedido una comunicación más fluida, viéndose así las relaciones comerciales fuertemente condicionadas por la cultura. En este sentido, parece necesario un diálogo intercultural que fomente un mejor conocimiento de las diferencias y que a la vez permita tratar los problemas más preocupantes para las distintas partes que integran el acuerdo.

Ahora, ¿cómo hacer para que prevalezcan los valores de equidad, igualdad e integración, propios de la democracia en el contexto internacional, cuando dentro de las fronteras nacionales están en cuestión? La hipótesis que quiero plantear aquí es que la globalización no sólo debe entenderse como la expansión de una cultura de mercado, sino también –y fundamentalmente– como una oportunidad para repensar el tema del interculturalismo asociado con la Modernidad. En Bolivia, y en toda la región, este planteo implica, por un lado, repensar la relación entre las diversas culturas que se da con la interacción entre los distintos países, pero además, la que se da en el interior de cada país. Y aquí nace la pregunta: ¿será posible entender la globalización no sólo como una cultura de expansión de mercados, sino también como la oportunidad para repensar el multiculturalismo desde una óptica que valorice la tolerancia y la convivencia intercultural, y que favorezca una participación más equitativa de las distintas culturas en los procesos de modernización, al tiempo que permita la defensa de sus propias identidades?

Touraine ha argumentado varias veces, y concuerdo con él, que la solución no se presenta ni a través de una asimilación que pretenda borrar los orígenes culturales, ni en un aislamiento de los grupos comunitarios en la sociedad donde viven. Se trataría de combinar la participación en la racionalidad instrumental con la defensa activa de una identidad cultural, un acceso a partir de las propias identidades sin abandonarlas en función de una racionalidad occidental. Esta alternativa debería valorarse en el momento de analizar en qué mundo globalizado pretendemos vivir.

La globalización cultural muestra una tendencia generalizada de las personas a apropiarse de símbolos e imaginarios globalizados a partir de la propia cultura, a través de la combinación de aquellos símbolos e imaginarios con símbolos e imaginarios propios, resguardando así su sentido de pertenencia y dando un significado complejo y distinto a los imaginarios pretendidamente homogeneizantes, o incluso de mercados culturales segmentados. En este sentido, Achúgar y Bustamante sostienen la existencia de tradiciones o herencias culturales que pueden combinar la hamburguesa de *McDonald's* con el mate uruguayo, la camiseta Benetton con la zapatilla criolla de los gauchos, o el personaje del cómic con las movilizaciones sociales en el Norte argentino.[191] Lo que sucede en estos casos es que las particularidades culturales permiten interpretaciones diferentes, pues precisamente la diferencia es lo que caracteriza al concepto de cultura.[192] En definitiva, se están reinventando identidades.

Así llegamos a un punto que considero central: la relación entre la Modernidad y la cultura histórica. Esto

---

[191]   Achúgar y Bustamante (1996: 134).
[192]   Véase al respecto Appadurai (1996: 12).

es, ¿cuánto de lo que vivimos hoy día y de lo que podemos hacer mañana ya estaba predeterminado por nuestro
pasado, por nuestros valores y nuestras experiencias, por
nuestros deseos, sueños y dolores, en suma, por nuestro
ethos cultural? ¿Cuánto de lo que vivimos y viviremos será
el resultado de nuestra capacidad creativa y libertaria de
hacernos a nosotros mismos en relación con otras creacio-
nes y libertades? Y, más aun, ¿cuánto será sólo el resultado
del azar, de los efectos inesperados y de la incertidumbre
propia de la vida moderna?

Desde la perspectiva de la Modernidad, entendida
como proyecto cultural y societal emancipatorio, el sujeto
portador de libertad supone un deseo de actuar y de ser
reconocido como actor consciente y crítico, como sujeto
que busca, en relación con otros actores, comprender y
desarrollar esa libertad. Claro que no actúa desde la nada,
actúa desde lo vivido y desde marcos estructurales determinados, con sus "dimes" y "diretes", con el peso tremendo
de toda una cultura sobre las espaldas. Por todo esto, bajo
la Modernidad nadie es totalmente libre ni nada está totalmente determinado.

En un pasado no muy lejano, los latinoamericanos,
como muchos otros, pensamos que el progreso estaba
asociado con la razón, y así apostamos por una vida social organizada en torno a una idea de racionalidad progresiva y estatal que hoy día aparentemente se ha agotado: los latinoamericanos, y los andinos en particular,
aprendimos la desilusión a fuerza de pedradas y silencios.
Precisamente por esto es tan importante pensar si un proyecto de Modernidad es posible y si desde lo ya vivido y
lo experimentado es recreable. Ello supone mirar el momento actual como un momento de redescubrimiento de
nosotros mismos, con los otros distintos de nosotros que
van más allá de la Europa occidental. En el futuro actual,
para citar un concepto de Luhmann, la Modernidad tendrá

que ser un proyecto reelaborado con otros distintos, esta vez incluyendo también a las "culturas del Sur". Sin dudas, la tarea es enorme.

Se trata de una redefinición de rumbos, pero también de un momento de revelación que busca encontrar una complicidad profunda entre la historia y la "otredad". Para esto, empero, se debe enfrentar un problema crónico de nuestras sociedades: el del difícil encuentro entre nuestras culturas y las diversas variaciones de las culturas de la desigualdad e intolerancia que nos acechan constantemente. O, en otras palabras, preguntarse si América Latina podrá superar la cultura de la negación del otro para tejer el interculturalismo preexistente bajo un proyecto plural de libertad.

Hacia el sujeto moderno

La construcción de un sujeto moderno supone la aceptación plena de nuestras propias diversidades y tejidos interculturales. Supone también, y ante todo, el reconocimiento a la libertad de las personas y comunidades. América Latina, y particularmente Bolivia, son desde sus orígenes una región culturalmente plural, una región en la que se combinaron múltiples corrientes culturales de manera específica. Aquí se imbricaron lo moderno del Renacimiento con un pasado cultural complejo; nos hemos hecho en relación con Europa pero somos distintos de los europeos; asumir esta relación y esta especificidad constituye un importante desafío. Hoy, empero, no sólo tenemos que asumir esta especificidad y digerir nuestra historicidad con el Occidente; necesitamos deliberar, intercambiar y aprender mutuamente de los otros no occidentales como condición principal para reelaborar la Modernidad en la globalización. La convivencia futura supone otro modelo de desarrollo al experimentado por Occidente, pero nada se podrá hacer sin esa experiencia. Y que sea de esta manera una Modernidad genuinamente más universal y equitativa. Bolivia también se ha hecho en relación con Europa, pero somos distintos. Todo esto es válido tanto para el boliviano aymara "puro", que ha logrado defender su identidad recreando sus raíces milenarias, como para el reciente migrante coreano o como para el descendiente de italiano. Cada uno carga, en su especificidad, con la interacción con los otros, pues sus particulares acervos culturales se han hecho en relación con otros distintos de ellos.

Un dilema aparece en el horizonte: ¿se inclinarán nuestras sociedades por lograr al fin una occidentalización exhaustiva superando mestizajes culturales? ¿O daremos la espalda al elemento de la Modernidad que más se relaciona con nosotros mismos, el de la capacidad de integrar la diversidad, respetando la especificidad, en un producto cultural compartido? Lo moderno en América Latina anida en poder asumir nuestras pluralidades constitutivas, pues ya en el momento en que las sociedades actuales fueron constituidas se abrieron al mundo como un tejido cultural vivo en constante mutación.

Es precisamente en este momento de cambio y de crisis de la Modernidad que se plantea la posibilidad de asumir estos tejidos diversos como una fuerza de futuro. El tejido intercultural de nuestra región ha sido y es nuestra forma de ser modernos y de resistir a la Modernidad al mismo tiempo. La cuestión reside en que la sociedad pueda asumir colectivamente esa condición cultural para convertirla en una fuerza propia en un mundo que también busca la marca de una diversidad progresiva.

La Modernidad buscada sería pues el resultado de este entrecruzamiento intercultural y de su capacidad de enfrentar los cambios producidos por la modernización. Y si esto es así, ¿qué mejor ejercicio que volver la mirada a lo mejor de nuestro pasado y buscar un sendero de reencuentro con lo clásico de nuestra historia para poder recrear así un proyecto de futuro?

Deseo trabajar ahora un notable acto estético de mi país que me parece un excelente ejemplo de una tradición intercultural que se puede proyectar en la Modernidad: la portada de la iglesia de San Lorenzo en Potosí, que se muestra a continuación.

Esta portada fue construida entre 1728 y 1744, es decir, en el comienzo de lo mejor del arte colonial, en el inicio de la decadencia de la economía de la plata y en la aparición de las primeras rebeliones indígenas que ya discutían la legitimidad de la mita. Se trató de una parroquia de indios, pedida y demandada por indios a indios ilustrados, o mejor aun, a indios preocupados por la ilustración. Se supone que el principal escultor, según Diego Arzans, fue "Luis Niño, indio ladino, segundo Ceuxis, Apeles o Timantes y es caso de anotar –prosigue Arzans– que estando embriagado pinta y esculpe con primor".[193]

La cuestión es que un indio, o un grupo de escultores indios, estaban preocupados por el Renacimiento y la ilustración, y por ser reconocidos y aceptados como iguales en su especificidad; más aun, querían ser reconocidos como constructores y renovadores críticos y burlones de la misma ilustración a partir de un proyecto genuino que supo trascender su circunstancia y convertirse en un acto verdaderamente clásico. Se trata de una obra que busca tejer y combinar lo mejor del mundo occidental con lo mejor del andino; hay allí un encuentro y una superposición lúdica entre el Renacimiento europeo, que era por antonomasia griego, y los símbolos, dioses e ideas andinos.

La puerta de entrada a la casa de Dios, a la representación de la eternidad, es un portal flanqueado por el dios Hermes en su forma hermafrodita, situado a ambos costados de la puerta. El conjunto de la portada descansa en dos indiápides que, como parte de las columnas centrales, sostienen el conjunto del monumento. Gracias a ellas y al formidable tejido barroco que las acompaña, se pueden asentar y pueden actuar las sirenas, los ángeles músicos y los mismos dioses andinos del Sol y de la Luna; San Lorenzo, el mártir quemado, y San Miguel, arcángel mestizo que con

---

[193]   Gisbert (1999: 17).

la espada desenvainada y con un furioso rictus protege el edificio mirando de frente el Cerro Rico de Potosí.

La cosmología aquí es central y los rasgos antropomorfos que organizan la portada son evidentes, como quizá también lo es la representación musical que tiene lugar en dicha portada: las sirenas con sus charangos, San Lorenzo y los ángeles con arpas, los Hermes y las cariátides en posiciones de danza en medio de una voluptuosidad barroca que no deja lugar a vacío alguno. Da la impresión de que estamos frente a un tremendo espectáculo creado por una suerte de Platón andino o, mejor dicho, de gente de los Andes que piensan al Platón griego, al de la *República* o al del *Timeo*, desde su propia realidad. No se trata entonces de una copia del Renacimiento europeo, donde un señor o un cura ilustrado pide al "maestrito" de la época que le pinte dos sirenas, una a la derecha bajo una luna y otra a la izquierda bajo el sol. No. Se trata de una reinterpretación creativa y una síntesis cultural propia con elementos de picardía y de imaginación. En este caso, uno podría interpretar que las indiápides o las cariátides, los indios que trabajan en Potosí y sufren como San Lorenzo, están sosteniendo el movimiento de una de las esferas de Platón: el mundo.

Ciertamente esta mirada es tan sólo una atrevida conjetura que invita a meditar sobre el tipo de relaciones posibles entre los mundos de vida que conviven en nuestras sociedades. En este sentido, la portada de la iglesia de San Lorenzo parece mostrar una reinterpretación por parte de un grupo de indígenas de uno de los autores más lúcidos de la cultura occidental y del Renacimiento europeo, planteando, a partir de esa reinterpretación y en ese pasado lejano que fue el Barroco andino, salidas estético-culturales que todavía no nos atrevemos a reelaborar.

En gran medida, este tipo de hipótesis se sustenta en indicios de la época: para empezar, en los motivos de la misma portada (sirenas, cielo y música que llevan a pensar en las categorías de espacio y tiempo que Platón utiliza en *La República* y en el *Timeo*); pero también, en el ambiente de "Renacimiento tardío" que se vivía en todo el mundo andino, particularmente en el sur del Perú y en el occidente boliviano actual. Una serie de portadas y pinturas del Barroco, como relata por ejemplo Leopoldo Castedo en su *Historia del arte iberoamericano*, también muestra figuras y símbolos renacentistas greco-romanos.[194] Asimismo, si bien varios cronistas nos muestran el peso del pensamiento de Aristóteles en la época, no resulta extraño que también se haya leído a un autor prohibido pero más flexible y quizá más afín con la cosmología andina, como fue Platón. E incluso podría pensarse que esa relectura de Platón era parte de una resistencia, no sin contradicciones, a aceptar la ideología institucionalizada de la Iglesia y del poder del Imperio.

Por otra parte, y más allá de esta lectura tentativa, la genialidad de los autores de la portada radica en dar motivo a sus lectores en el tiempo, lectores como nosotros que podemos interpretar una vez más su representación, en ni más ni menos que un acto de trascendencia temporal, de unión entre la Historia y la Modernidad.

Creo que aquí se plantean tres cuestiones centrales. En primer lugar, desde el lado del negado, de los indios, la apropiación de elementos culturales ajenos a la propia identidad se hace desde la propia identidad, es una lectura creativa que asume "lo otro" (en este caso, lo griego) desde una reinterpretación a partir de la identidad indígena que le otorga un sentido diferente. Este punto constituye un tema fundamental hoy y un antecedente histórico cuando se habla de una homogeneidad cultural irreal a partir de los procesos de globalización. En segundo lugar, la relectura

---

[194]   Castedo (1988).

indígena de la cultura occidental se hace desde la resistencia (quizá Platón fue mejor reelaborado que Aristóteles porque permitía una cierta expresión de lo diferente). Y, finalmente, el hecho de asumir una identidad cultural a partir de una reelaboración desde la propia identidad, como lo hicieron los indígenas del Barroco andino, muestra al Occidente que el diálogo puede darse sin dominación ni aniquilamiento, y ser entonces un ejemplo de respeto por el otro diferente, cosa que el mundo occidental nunca asumió por el propio eurocentrismo que signó permanentemente su condena. Así, si bien esto no implica que un proyecto estético-cultural pueda ampliar su significación a los ámbitos político y económico, sí constituye una enseñanza de la llamada "periferia" al llamado "centro". De ahí que los bordes también sean luminosos, aunque todavía no se los reconozca.

BIBLIOGRAFÍA

Abad, G. (2004), "El largo camino hacia nuestra democracia: Ecuador 1978-2004", en *ODYSEA, 25 años de democracia en Ecuador (1979-2004)*, Quito, El Conejo.

Achard, D. *et al.* (2009), "Coyuntura política y escenarios de corto y mediano plazo", en PNUD-PAPEP, *Cuadernos de gobernabilidad democrática*, vol. 3: *Crisis y cambio en América Latina. Escenarios políticos prospectivos*, Buenos Aires, Siglo XXI Editores.

Achúgar, H. y Bustamante, F. (1996), "MERCOSUR, intercambio cultural y perfiles de un imaginario", en García Canclini, N. (coord.), *Culturas en globalización*, Caracas, Nueva Sociedad.

Almond, G. y Powell, G. (1972), *Política comparada*, Buenos Aires, Paidós.

Appadurai, A. (1996), *Modernity at Large: Cultural Dimensions of Globalization*, University of Minnesota Press.

Arias, O. y Duryea, S. (2003), *Social Exclusion Due to Race or Ethnicity in Latin America: What Do We Know?* Working Paper, Washington DC, Inter-American Development Bank.

Axelos, K. (1984), *Systematique ouvert*, París, Editions de Minuit.

Ballón, E. (2004), *Los conflictos sociales en la coyuntura*, documento elaborado para el PAPEP Perú.

Benhabib, S. (1996), *Democracy and Difference*, Princeton, Princeton University Press.

Benjamin, W. (1995), "Tesis sobre la filosofía de la historia", en *Revista Decursos*, año 1, núm. 1, pp. 27-38. CESU-UMSS, Cochabamba.

Bobbio, N. y Mateucci, N. (1985), *Diccionario de política*, México, Siglo XXI Editores.

Bobbio, N. y Viroli, M. (2002), *Diálogo en torno a la república*, Barcelona, Tusquets.

Bourdieu, P. (1998), "La esencia del neoliberalismo", en *Le Monde*, diciembre de 1998.

Buvinic, M. y Roza, V. (2004), *Women, Politics and Democratic Prospects in Latin America. Sustainable Development Deparment Technical papers series, WID 108*. Disponible en línea: www.iadb.org/sds/doc/women.pdf

Calderón F. (2006), "Cultura de igualdad, deliberación y desarrollo humano", XIV Conferencia Internacional. Desarrollo e interculturalidad, imaginario y diferencia: la nación en el mundo andino, Academia de Latinidad, Río de Janeiro.

Calderón, F. (1986), *Los movimientos sociales ante la crisis*, Buenos Aires, CLACSO.

Calderón, F. (1995), *Movimientos sociales y política. La década de los ochenta en Latinoamérica*, México, Siglo XXI Editores.

Calderón, F. (2002), *La reforma de la política. Deliberación y desarrollo*, Caracas, ILDIS-Friedrich Ebert-Nueva Sociedad.

Calderón, F. (2003), "Placer le social au coeur du debat", Conférence Gobernabilité global et développement soutenable, París, abril de 2003.

Calderón, F. (2009), "Young People's New Politicity", ponencia presentada en el Congreso Mundial de Ciencia Política, Santiago de Chile.

Calderón, F. (2010), "La globalización y las nuevas condiciones sociales del desarrollo y la democracia", documento presentado en el Foro Internacional sobre el nexo entre ciencias sociales y políticas 2006, en *Las nuevas condiciones sociales y políticas del desarrollo humano*, París, UNESCO.

Calderón, F. y Araníbar, A. (2005), *Bolivia: situación y perspectivas de la coyuntura política*, Santa Cruz, documento de trabajo PNUD-PAPEP, La Paz, Bolivia.

Calderón, F. y Dandler, J. (1984), *Bolivia, la fuerza histórica del campesinado: movimientos campesinos y etnicidad*, Cochabamba, UNRISD/CERES.

Calderón, F. y Dos Santos, M. (1991), *Hacia un nuevo orden estatal en América Latina: 20 tesis sociopolíticas y un corolario de cierre*, Santiago de Chile, Fondo de Cultura Económica.

Calderón, F. y Dos Santos, M. (1995), *Sociedades sin atajos*, Buenos Aires, Paidós.

Calderón, F. y Gamarra, E. (2004), "Crisis y reforma de los partidos políticos en Bolivia", en *Cuaderno de Futuro 19*, La Paz, PNUD.

Calderón, F. y Hopenhayn, M. (2008), "Notas para el desarrollo humano en el MERCOSUR", mimeo.

Calderón, F. y Jelin, E. (1987), *Clases y movimientos sociales en América Latina: perspectivas y realidades*, Buenos Aires, Centro de Estudios de Estado y Sociedad (CEDES).

Calderón, F. y Lechner, N. (1997), *Modernización y gobernabilidad democrática*, La Paz, Plural.

Calderón, F. y Pinc C. (2003), "Political Reforms and Policies Enabling People's Empowerment and Advancing Human Development: The Challenges for Latin American Countries", documento de trabajo preparado para el *Informe de Desarrollo Humano 2003*, UNDP-Human Development Report Office, Ocassional Paper.

Calderón, F. y Szmukler, A. (2004), "Political Culture and Development", en Rao, V. y Walton, M. (eds.), *Culture and Public Action*, Stanford-California, Stanford University Press, pp. 281-306.

Calderón, F., (2009) (coord.), *Los escenarios de la inflexión*, Buenos Aires, Siglo XXI Editores.

Calderón, F., Hopenhayn, M. y Ottone, E. (1996), *Esa esquiva modernidad*, Caracas, Nueva Sociedad.

Cardoso, F. H.; Faletto, E.; Graciarena, J.; Gurrieri, A.; Prebisch, R. y Wolfe (1982), *Medina Echavarría y la sociología latinoamericana*, Madrid, Ediciones de Cultura Hispánica.

Castedo, L. (1988), *Historia del arte iberoamericano*, Madrid, Andrés Bello-Alianza Editorial.

Castells, M. (1996), *The Rise of the Network Society*, Cambridge, Blackwell.

Castells, M. (2000), *Communication, Power and Counter-power in the Network Society*, University of Southern Carolina.

Castells, M. (2005), *Globalización, desarrollo y democracia: Chile en el contexto mundial*, Santiago de Chile, Siglo XXI Editores.

Castells, M. (2006), *Comunicación móvil y sociedad. Una perspectiva global*, Barcelona, Ariel.

CEPAL (2006), *Anuario estadístico de América Latina y el Caribe 2005*, Santiago de Chile, PNUD.

CEPAL (2007), *Panorama social de América Latina 2006*, Santiago de Chile, CEPAL.

CEPAL (2009), *Panorama social de América Latina 2009*, Santiago de Chile, CEPAL.

CEPAL (2010), *La hora de la igualdad. Brechas por cerrar, caminos por abrir*, Santiago de Chile, CEPAL.

CEPAL (2010a), *América Latina frente al espejo. Dimensiones objetivas y subjetivas de la inequidad social y el bienestar en la región*, Santiago de Chile, CEPAL.

Cheresky, I. (2009), "Argentina: recuperación sostenida con incertidumbre sobre el futuro institucional", en PNUD-PAPEP, *Cuadernos de gobernabilidad democrática*, vol. 3: *Crisis y cambio en América Latina. Escenarios políticos prospectivos*, Buenos Aires, Siglo XXI Editores, pp. 15-48.

Cheresky, I., (2009) (comp.), *Las urnas y la desconfianza en la democracia argentina*, Buenos Aires, Homo Sapiens.

Contreras, R. (2009), "Transformaciones socioculturales y dinámicas de intervención político-económica del empresariado en América Latina", en PNUD-PAPEP (2009a), *Cuadernos de Gobernabilidad democrática*, vol. 4: *Movimientos socioculturales en América Latina*, Buenos Aires, Siglo XXI Editores, pp. 333-377.

Coronel, J. (1996), "Violencia política y respuestas campesinas en Huanta", en Degregori, C. (ed.), *Las rondas campesinas y la derrota de Sendero Luminoso*, Lima, IEP/UNSCH.

Corporación Latinobarómetro (2005), *Informe Latinobarómetro 2005*, Santiago de Chile. Disponible en línea: http://www.latinobarometro.org

Corporación Latinobarómetro (2006), *Informe Latinobarómetro 2006*, Santiago de Chile. Disponible en línea: http://www.latinobarometro.org

Corporación Latinobarómetro (2010), *Informe Latinobarómetro 2010*. Santiago de Chile. Disponible en línea: http://www.latinobarometro.org

Cotler, J. (1979), "State and Regime: Comparative Notes on the Southern Cone and the Enclave Societies", en Collier, D. (ed.), *The New Authoritarianism in Latin America*, Princeton University Press.

Cuervo Gonzáles, L. M. (2002), "Globalización y dinámica metropolitana: el caso de Bogotá en los años 1990", en Intitut Catala de Cooperacio Iberoamericana Institut Destudis Territorials-Universidad de Chile (2003),

El desafío de las áreas metropolitanas en un mundo globalizado: una mirada a Europa y América Latina, vol. 1, Santiago de Chile, pp. 315-345.

Degregori, C. (1999), "Pueblos indígenas y democracia en América Latina". Disponible en línea: www.cholonautas.edu.pe

Dos Santos, M. (1986), *Concertación político-social y democratización*, Buenos Aires, CLACSO.

Duryea, S. y Genoni, M. E. (2004), "Ethnicity, Race and Gender in Latin American Labor Markets", en Buvinic, M.; Mazza, J. y Deutsch, R. (eds.), *Social Inclusion and Economic Development in Latin America*, Washington DC, IDB/Johns Hopkins Press.

Equipos MORI (2007 a 2010), *Informe de opinión pública Bolivia, enero de 2007 a enero de 2010*, La Paz, PNUD-PAPEP Bolivia.

Esteban, J. y Ray, D. (1994), "On the Measurement of Polarization", en *Econométrica*, 62 (4), pp. 919-841.

Fedozzi, L. (2000), "Participación, esfera pública y cogestión. Una interpretación del presupuesto participativo basada en el caso de Porto Alegre", en Fisher, N. B. y Moll, J. (orgs.), *Por uma nova esfera pública*, Petrópolis, Vozes. Traducción: Central de Trabajadores de Argentina (CTA), Seminario "Presupuesto Participativo y Planificación Participativa", Buenos Aires, FLACSO.

Fedozzi, L. (2001), *Orçamento Participativo: Reflexões sobre a experiência de Porto* Alegre, Porto Alegre, Tomo Editorial.

FLACSO (2004), *Gobernabilidad en América Latina: informe regional 2004*, Santiago de Chile, FLACSO.

Fleury, S. (2007), "Ciudadanía y desarrollo humano en Brasil", en PNUD-PAPEP, *Cuadernos de gobernabilidad democrática*, vol. 1: *Ciudadanía y desarrollo humano*, Buenos Aires, Siglo XXI Editores, (pp. 243-274.

Freund, J. (1979), "Observaciones sobre dos categorías de la dinámica prolegómena. De las ciencias al conflicto", en Bejin, A. y Morin, E. (eds.), *El concepto de crisis*, Buenos Aires, La Aurora.

Gallegos, F. (2008), "Sociedad civil, participación y democracia en el nuevo contexto político latinoamericano", documento presentado en el Seminário "Saúde e democracia: participação política e institucionalidade democrática", Río de Janeiro.

Genro y De Souza, U. (1997), *Orçamento Participativo: A experiência de Porto Alegre*, San Pablo, Editora Fundação Perseu Abramo.

Gisbert, T. (1999), "Luis Niño y San Lorenzo de Potosí", en *Revista de la Fundación Cultural*, año III, núm. 7, abril-junio de 1999, La Paz, Banco Central de Bolivia.

González, L. (2006), "Las crisis políticas de América Latina en los primeros años del siglo", en Achard, D. y González, L. E. (eds.), *Política y desarrollo en Honduras, 2006-2009*, Tegucigalpa, UNDP-ASDI-AECI-DFID.

González, L. (2008), "Situación actual y perspectivas de América Latina según elites influyentes de la región", en PNUD-PAPEP, *Cuadernos de gobernabilidad democrática*, vol. 2: *Escenarios políticos en América Latina. Conceptos, métodos y observatorio regional*, Buenos Aires, Siglo XXI Editores, pp. 147-198.

Grzybowski, C. (2004), "Democracia, sociedad civil y política en América Latina", PNUD-PRODDAL, *La democracia en América Latina. Hacia una democracia de ciudadanas y ciudadano*, Buenos Aires, Aguilar.

Grzybowski, C. (2004a), "Lições de Mumbai", en *Informativo Mensal do Instituto Ação Empresarial pela Cidadania-PE*, Río de Janeiro.

Guerrero, I.; López-Calva, L. F. y Walton, M. (2006), *The Inequality Trap and Its Links to Low Growth in Mexico*,

Stanford Center for International Development, Stanford University, mimeo.

Guimaraes, R. (1994), "El desarrollo sostenible: ¿propuesta alternativa o retórica neoliberal?", en *Revista EURE*, vol. XX, núm. 61, pp. 41-56, Santiago de Chile, Pontificia Universidad Católica de Chile-Instituto de Estudios Urbanos y Territoriales.

Habermas, J. (1998), *Más allá del Estado nacional*, Madrid, Trotta.

Hinkelammert, F. (1984), *Crítica de la razón utópica*, San José de Costa Rica, DEI.

Instituto Distrital de Cultura y Turismo, Alcaldía Mayor de Bogotá (2002), "La cultura ciudadana en Bogotá: resultados de la primera aplicación del sistema de medición", Bogotá.

International Institute for Democracy and Electoral Assistance (IDEA) (2006). Disponible en línea: http://www.idea.int/vt/index.cfm

Kowarick, L. (1991), "Ciudad & Ciudadanía. Metrópolis del subdesarrollo industrializado", en *Nueva Sociedad*, vol. 114, julio-agosto de 1991, pp. 84-94, Caracas.

Latin American Public Opinion Project (LAPOP) (2010), *Cultura política de la democracia en Honduras, 2010*, Honduras.

Lechner, N. (1988), *Los patios interiores de la democracia*, Santiago, FLACSO.

Lechner, N. (2002), *Las sombras del mañana. La dimensión subjetiva de la política*, Santiago de Chile, LOM.

Loayza, Natasha (2008), "La coyuntura política de El Salvador desde la perspectiva de sus elites (informe preliminar)", Proyecto PAPEP-El Salvador, mimeo.

MacKinney, J. (1968), *Tipologías construidas y acción social*, Buenos Aires, Amorrortu editores.

Mainwaring, S. y Jones, M. (2003), "The Nationalization of Parties and Party Systems. An Empirical Measure and

Application to the Americas", en *Party Politics*, vol. 9, núm. 2, Londres.

Manin, B. (1987), "On Legitimacy and Political Deliberation", en *Political Theory*, vol. 15, núm. 3, Minneapolis, Sage Publications.

Manrique, N. (2006), "Democracia y nación. La promesa pendiente", en PNUD Perú, *La democracia en el Perú. Proceso histórico y agenda pendiente*, Lima, PNUD Perú.

Márquez, R. y Moreno, C. (2007), "Desarrollo sin ciudadanos. El modelo chileno de los últimos 20 años", en PNUD-PAPEP, *Cuadernos de gobernabilidad democrática*, vol. 1: *Ciudadanía y desarrollo humano*, Buenos Aires, Siglo XXI Editores.

Montaño, S. y Sanz, M. (2009), "Movimientos sociales de mujeres. El feminismo", en PNUD-PAPEP, *Cuadernos de Gobernabilidad democrática*, vol. 4: *Movimientos socioculturales en América Latina*, Buenos Aires, Siglo XXI Editores, pp. 81-130.

Moreira, C., (2009), "De la 'Suiza de América' al 'paisito'. Escenarios y prospectivas del Uruguay en la tercera ola de la democracia", en PNUD-PAPEP, *Cuadernos de gobernabilidad democrática*, vol. 3: *Crisis y cambio en América Latina. Escenarios políticos prospectivos*, Buenos Aires, Siglo XXI Editores, pp. 81-116.

Morin, E. (1990), *El paradigma de la complejidad. Fragmento de introducción al pensamiento complejo*, Barcelona, Editorial Gedisa.

Mouffe, Ch. (1996), *O regresso do político*, Lisboa, Gradita.

Natanson, J. (2009), *La nueva izquierda*, Buenos Aires, Sudamericana.

Nogueira, M. A. (2009), "El segundo tiempo de Lula: Brasil entre incertidumbres y posibilidades", en PNUD-PAPEP, *Cuadernos de gobernabilidad democrática*, vol. 3: *Crisis y cambio en América Latina. Escenarios políticos prospectivos*, Buenos Aires, Siglo XXI Editores, pp. 49-80.

Nolte, D. (2005), "América Latina: ¿instituciones políticas en crisis?", en *Diálogo Político* 22 (2), Buenos Aires, Konrad Adenauer Stiftung.

Observatorio Regional PAPEP (2006 y 2007), *Situación actual y perspectivas de América Latina, según elites político-profesionales de Estados Unidos, elites europeas y elites de Argentina, Brasil y México*, PAPEP-PNUD.

ODYSEA (2005), *25 años de democracia en Ecuador (1979-2004)*, Quito, El Conejo.

ONU (2006), "Fin a la violencia contra la mujer: hechos, no palabras", informe del Secretario General sobre la violencia contra la mujer, Nueva York, octubre de 2005.

Ortuño, A. (2009), "Panamá: escenarios sociopolíticos de mediano plazo", en PNUD-PAPEP, *Cuadernos de gobernabilidad democrática*, vol. 3: *Crisis y cambio en América Latina. Escenarios políticos prospectivos*, Buenos Aires, Siglo XXI Editores, pp. 289-324.

Ottone, E. (2007), "La experiencia chilena: el revés de la trama", en Sorj, B. y De Oliveira, D., *Sociedad civil y democracia en América Latina*, San Pablo, Instituto Fernando Enrique Cardoso y Centro Edelstein de Políticas Sociales.

Pachano, S. (2004), "El territorio de los partidos. Ecuador, 1979-2002", en *Partidos políticos en la Región Andina: entre la crisis y el cambio*, Seminario regional, *Situación actual de los partidos políticos de la Región Andina*, Lima, IDEA.

Palermo, V.; Aboud, L. y Musseri, A. (2009), "El gobernador pasó en helicóptero. La Asamblea Ciudadana Ambiental de Gualeguaychú en el conflicto por las papeleras", en PNUD-PAPEP, *Cuadernos de Gobernabilidad democrática*, vol. 4: *Movimientos socioculturales en América Latina*, Buenos Aires, Siglo XXI Editores, pp. 15-80.

Palomino, H. y Pastrana, E. (2003), "El caso argentino: los nuevos movimientos sociales", en Calderón, F. (coord.),

¿Es sostenible la globalización en América Latina? Debates con Manuel Castells, vol. I: *La globalización y América Latina: asignaturas pendientes*, Santiago de Chile, Fondo de Cultura Económica, pp. 191-241.

Petit, P. (1997), *Republicanism - A Theory of Freedom and Government*, Oxford University Press.

PNUD (1999), *Informe sobre Desarrollo Humano 1999*, Barcelona, Ediciones Mundi-Prensa.

PNUD (2005), *Informe sobre Desarrollo Humano 2005. La cooperación internacional ante una encrucijada: ayuda al desarrollo, comercio y seguridad en un mundo desigual*, Barcelona, Ediciones Mundi-Prensa.

PNUD (2009), *Informe sobre Desarrollo Humano para MERCOSUR 2009-2010*, Buenos Aires, Libros del Zorzal.

PNUD (2010), *Informe regional sobre Desarrollo Humano para América Latina y el Caribe 2010. Actuar sobre el futuro: romper la transmisión inter-generacional de la desigualdad*, San José de Costa Rica, Editorama SA.

PNUD Argentina (2002), *Aportes para el desarrollo humano de la Argentina 2002*, Buenos Aires, PNUD.

PNUD Bolivia (2002), *Informe de Desarrollo Humano en Bolivia 2002*, La Paz, Molina & Asociados-PNUD.

PNUD Bolivia (2004), *Informe de Desarrollo Humano en Bolivia 2004*, La Paz, Molina & Asociados-PNUD.

PNUD Chile (1998), *Informe de Desarrollo Humano en Chile 1998*, Santiago de Chile, PNUD.

PNUD Honduras (2005), *Informe de Desarrollo Humano Honduras 2005*, Tegucigalpa, PNUD.

PNUD Panamá (2008), *Informe Nacional de Desarrollo Humano Panamá 2007-2008*, Panamá, Editorama-PNUD.

PNUD-PAPEP (2007), *Cuadernos de gobernabilidad democrática*, vol. 1: *Ciudadanía y desarrollo humano*, Buenos Aires, Siglo XXI Editores.

PNUD-PAPEP (2008), *Cuadernos de gobernabilidad democrática*, vol. 2: *Escenarios políticos en América Latina. Conceptos, métodos y observatorio regional*, Buenos Aires, Siglo XXI Editores.

PNUD-PAPEP (2009), *Cuadernos de gobernabilidad democrática*, vol. 3: *Crisis y cambio en América Latina. Escenarios políticos prospectivos*, Buenos Aires, Siglo XXI Editores.

PNUD-PAPEP (2009a), *Cuadernos de Gobernabilidad democrática*, vol. 4: *Movimientos socioculturales en América Latina*, Buenos Aires, Siglo XXI Editores.

PNUD-PAPEP-REBLAC (2009), "La crisis económica y la gobernabilidad democrática en Brasil", documento presentado en el Seminario "Política y gobernabilidad democrática en América Latina", octubre de 2009.

PNUD-PRODDAL (2004), *La democracia en América Latina. Hacia una democracia de ciudadanas y ciudadano*, Buenos Aires, Aguilar.

Rex, J. (1978), "Introducción: las nuevas naciones y las minorías étnicas. Aspectos teóricos y comparados", en UNESCO, *Raza y clase en la sociedad post-colonial*, París, UNESCO.

Rocher, G. (2001), "La mondialisation: un phénomène pluriel", en Mercure, D. (dir.), *Une société monde? Les dynamiques sociales de la mondialisation*, Québec, Les presses de l'Université Laval.

Rojas, C. (2002), "Forging Civic Culture in Bogota City". Disponible en línea: www.adb.org/Documents/Events/2002/Citizen_Participation/Colombia.pdf

Rosanvallon, P. (1995), *La nueva cuestión social. Repensar el Estado providencia*, Buenos Aires, Manantial.

Ruiz, F. (2009), "La tesis de septiembre. Los primeros meses de la administración Funes: los costos de la victoria y los límites del Gobierno", en *Revista La Universidad*, El Salvador, Editorial Universitaria.

Sánchez León, A. y Olivera, C., (1983) (eds.), *Lima, una metrópoli: 7 Debates*, Lima, DESCO.

Schnapper, D. (1994), *La communauté des citoyens. Sur l'idée moderne de nation*, París, Gallimard.

Sen, A. (1995), *Nuevo examen de la desigualdad*, Madrid, Alianza Editorial.

Sen, A. (1999), *Development as Freedom*, Nueva York, Alfred A. Knopf.

Sherer-Warren, I. y Krischke, P. (1987), *Uma revolução no cotidiano? Os novos movimentos sociais na América do Sul*, San Pablo, Editora Brasiliense.

Singer, A. (2009), "Raizes sociais e ideológicas do Lulismo", en *Revista Novos Estudos*, núm. 85, diciembre de 2009, pp. 82-103, San Pablo, CEBRAP.

Sorj, B. (2007), "Sociedad civil y política en Brasil", en Sorj, B. y Darcy de Oliveira, *Sociedad civil y democracia en América Latina*, San Pablo, IFHC y Centro Edelstein de Políticas Sociales.

Tanaka, M. (2004), "Situación y perspectiva de los partidos políticos en la Región Andina: el caso peruano", en "Partidos políticos en la Región Andina: entre la crisis y el cambio", Seminario regional "Situación actual de los partidos políticos de la Región Andina", Lima, IDEA.

Tanaka, M. y Barrantes, R. (2006), "Aportes para la gobernabilidad democrática en el Perú. Los desafíos inmediatos", en PNUD Perú, *La democracia en el Perú. Proceso histórico y agenda pendiente*, Lima, PNUD Perú.

Tandon, Y. (1997), "Globalization and the South: The Logic of Exploitation", en *Internationale Politik und Gesellschaft*, núm. 4, Berlín, Friedrich-Ebert-Stiftung.

Tapia, C. (2004), "Coyuntura política: la protesta social y el neo-senderismo", documento elaborado para PAPEP Perú.

Távara, G. (1983), "Participación en el gobierno local", en Sánchez León, A. y Olivera, C., (eds.), *Lima, una metrópoli: 7 Debates*, Lima, DESCO.

Tedesco, J. (2007), "Inclusión social, nuevos procesos de socialización y ciudadanía social en América Latina", en PNUD-PAPEP, *Cuadernos de gobernabilidad democrática*, vol. 1: *Ciudadanía y desarrollo humano*, Buenos Aires, Siglo XXI Editores, pp. 149-168.

Touraine, A. (1997), *Pourrons-nous vivre ensemble? Egaux et différents*, París, Fayard.

Touraine, A. (1998), *Igualdad y diversidad: las nuevas tareas de la democracia*, Buenos Aires, Fondo de Cultura Económica.

Touraine, A. (1999), *Como sair do liberalismo*, Bauru, EDUSC.

Tovar, T. (1986), "Vecinos y pobladores en la crisis (1980-1984)", en Ballón, E. (ed.), *Movimientos sociales y crisis: el caso peruano*, Lima, DESCO.

Valenzuela, A. (2004), "Latin American Presidencies Interrupted", en *Journal of Democracy*, 15 (4).

Vega, J. E. (2004), "Diversidad, igualdad y exclusión", en *Cuaderno de Futuro*, núm. 20, *Multiculturalismo y democracia*, La Paz, PNUD Bolivia.

Vega, J. E. (2005), "La nueva Corte Suprema de Justicia en Ecuador. Percepciones y escenarios prospectivos de su instalación", documento preparatorio del PAPEP Ecuador.

Vega, J. E. (2008), "Reflexiones y preguntas sobre las percepciones políticas de las elites brasileña, mexicana y argentina", en PNUD-PAPEP, *Cuadernos de gobernabilidad democrática*, vol. 2: *Escenarios políticos en América Latina. Conceptos, métodos y observatorio regional*, Buenos Aires, Siglo XXI Editores, pp. 199-228.

Walzer, (1993), *Las esferas de la justicia. Una defensa del pluralismo y la igualdad*, México, Fondo de Cultura Económica.

Zamosc, L. (2007), "The Indian Movement and Political Democracy in Ecuador", en *Latin American Politics & Society*, vol. 49, núm. 3, Fall 2007, pp. 1-34.

Zolezzi, M. (2002), "La práctica de los planes de desarrollo y el presupuesto participativo de Villa El Salvador, Perú". Disponible en línea: http://www.sustaina-bledevelopment.org/blp/Hangzhou/Presentations/VillaElSalvador.htm